Des poèmes et des rêves

Première de couverture : Coll. part. © Artothek/La Collection © Adagp, Paris, 2013.
Deuxième de couverture : © Akg-images.
Troisième de couverture : © Bridgeman Giraudon © Succession Picasso, 2013.
Page 16 : © Index / Bridgeman Giraudon.
Page 80 : © Bridgeman Giraudon.
Page 154 : © Artothek-Christie's / La Collection © Adagp, Paris, 2013.

170 bis, boulevard du Montparnasse, 75680 Paris cedex 14

ISBN 978-2-7011-6456-4
ISSN 2104-9610

CLASSICOLYCÉE

Des poèmes et des rêves

Choix des poèmes
et dossier par Julie Proust
Agrégée de lettres modernes

BELIN ■ GALLIMARD

Sommaire

Le tour de l'œuvre en 7 fiches

Groupements de textes

Vers l'écrit du Bac

Les poèmes de l'anthologie

Poèmes du Moyen Âge au XVIIe siècle

Poèmes du XIXe siècle

Poèmes du XXe siècle à nos jours

Pour entrer dans l'œuvre

Depuis l'Antiquité, dans toutes les cultures, le rêve n'a cessé de fasciner les hommes qui l'ont longtemps considéré comme un instrument de révélation. Dans la mythologie, Morphée, fils du Sommeil et de la Nuit, avait la charge de transmettre aux rêveurs les messages divins. Après avoir éveillé la méfiance du clergé au Moyen Âge et de certains penseurs baroques et classiques des XVIe et XVIIe siècles, le rêve devient, au début du XXe siècle, un objet d'analyse grâce aux découvertes de Freud, fondateur de la psychanalyse, qui en fait une voie privilégiée d'accès à l'inconscient.

En littérature, le rêve permet au poète d'exprimer toutes sortes d'émotions et de décrire des peurs, des désirs, des souffrances ou des obsessions et, peut-être, de mieux se connaître. À côté de cette dimension introspective, l'onirisme ouvre un espace de liberté créatrice, où les visions les plus insolites et les hallucinations les plus troublantes peuvent surgir dans des univers splendides, féeriques ou inquiétants. Enfin, le rêve offre au poète la possibilité d'appréhender singulièrement le monde qui l'entoure, tout en le mettant au défi de retranscrire en mots les

perceptions et les sensations qui ont tendance à lui échapper. Rêve et poésie participent ainsi d'une quête de sens absolue et traduisent une tentative de percer les mystères de l'inconnu.
À travers les poèmes de cette anthologie, le lecteur est confronté à plusieurs questions et, en premier lieu, à celle de l'interprétation. Dans le poème, comme dans le rêve, les détails, les symboles et les images construisent une vision déformée de la réalité. Le poète exprime ainsi la singularité d'une sensation ou d'une expérience vécue. L'écriture poétique, qu'elle multiplie des images absurdes ou fantaisistes, ou bien qu'elle contraigne la langue par un travail formel minutieux, appelle toujours, comme le rêve, une pluralité de lectures, un exercice constant de déchiffrage.
La multiplicité des sens et le caractère suggestif du rêve et de la poésie placent très souvent le lecteur en position d'interprète. Les textes de cette anthologie exigent ainsi l'attention soutenue du lecteur et font appel à sa faculté à construire le sens. Cependant, le plaisir du texte ne doit pas être occulté : les poèmes présentés ici sont aussi, souvent, des invitations à rêver.

Antonio de Pereda, *Le Rêve du chevalier*, huile sur toile, 1655.

POÈMES DU MOYEN ÂGE AU XVIIe SIÈCLE

NOTE SUR L'ÉTABLISSEMENT DES TEXTES

Pour les textes de la première partie de l'anthologie (poèmes du Moyen Âge au XVIIe siècle), l'orthographe a été modernisée dans la limite des contraintes prosodiques (respect du mètre, de la rime et de la rime pour l'œil). Lorsque la modernisation n'a pas été possible, nous avons maintenu le texte original et explicité par une note de bas de page les formulations dont le sens pouvait paraître obscur.
La ponctuation a également été remaniée (les deux-points ont été remplacés en fonction du contexte par des points ou des virgules).

ANONYME

1. La Chanson de Roland (extrait)

D'abord transmise oralement avant d'être transcrite au XIe siècle, *La Chanson de Roland* est une chanson de geste, c'est-à-dire un récit épique dans lequel sont relatés des exploits guerriers. Cette œuvre de plus de quatre mille vers raconte les batailles de Charlemagne contre les Sarrasins. Dans le passage suivant, les visions menaçantes, envoyées en songe par un ange de Dieu à Charlemagne, préfigurent les futures batailles contre le roi de Saragosse.

Claire est la nuit, et la lune brillante.
Charles[1] est couché, mais il souffre en pensant à Roland[2],
pour Olivier[3] il est profondément accablé,
pour les Français et pour les douze Pairs
qu'il a laissés morts, sanglants à Roncevaux;
il ne peut faire qu'il ne pleure ni ne se lamente,
et il prie Dieu qu'il protège leurs âmes.
Le roi est las[4], car ses peines sont très grandes:
il n'en peut plus, il est endormi.
Par tous les prés les Francs dorment à présent.
Pas un cheval qui puisse rester debout:
celui qui veut de l'herbe, il la mange couché.
Il a appris beaucoup, celui qui a beaucoup souffert.

Charles dort comme un homme accablé.
Dieu lui envoie saint Gabriel,
il lui commande de garder l'empereur.
À son chevet[5] l'ange reste toute la nuit.

---

1. Il s'agit de Charlemagne.
2. **Roland**: un des douze pairs de France, les meilleurs chevaliers du royaume, et neveu de Charlemagne.
3. **Olivier**: pair de France et meilleur ami de Roland.
4. **Las**: fatigué.
5. **À son chevet**: près de lui.

Par une vision, il lui a annoncé
qu'il y aura une bataille livrée contre lui ;
il lui en montre le sens, lourd de conséquences.
Charles lève les yeux vers le ciel,
voit les tonnerres, les vents et les gelées,
et les orages, les tempêtes redoutables,
les feux, les flammes ; tous sont prêts :
d'un coup ils tombent sur toute son armée.
Les lances de frêne et de pommier s'enflamment,
et les écus, jusqu'aux boucles d'or pur,
les hampes[1] éclatent sur les épieux[2] tranchants,
les hauberts[3] grincent, et les heaumes[4] d'acier.
Charles voit ses hommes en grande détresse :
des léopards, des ours veulent les dévorer,
et des serpents, des vipères, des dragons, des démons,
et des griffons[5], plus de trente mille ;
il n'en est pas qui ne se rue sur les Français.
Les Français crient : « À l'aide, Charlemagne ! »
Le roi en souffre, de douleur et de pitié ;
il veut y aller, mais il est empêché :
du fond d'un bois un grand lion vient vers lui,
très orgueilleux, féroce et dangereux,
il assaille et attaque le roi lui-même ;
à bras-le-corps ils se prennent tous deux pour lutter ;
mais il ne sait lequel abat l'autre ni lequel tombe.
L'empereur ne s'est pas réveillé.

La Chanson de Roland [XIe s.], laisses CVXXXIV et CVXXXV,
trad. par I. Short, Librairie générale française, « Le livre de poche », 1990.

---

1. **Hampes** : piques.
2. **Épieux** : armes en fer.
3. **Hauberts** : cottes de mailles que portaient les chevaliers au Moyen Âge pour se protéger lors des combats.
4. **Heaumes** : casques.
5. **Griffons** : animaux fabuleux à tête d'aigle et au corps de lion.

GUILLAUME IX D'AQUITAINE

Guillaume IX, duc d'Aquitaine et comte de Poitiers (1071-1127), est considéré comme le premier troubadour. Ces poètes de cour, originaires du sud de la France, rédigent au XIIe siècle les premières œuvres de poésie lyrique et inventent le genre de la *canso*, où ils célèbrent l'amour courtois en idéalisant la femme et en exaltant le sentiment amoureux. Seule une dizaine de pièces attribuées à Guillaume IX d'Aquitaine ont été retrouvées, ainsi qu'un fragment de mélodie du *Jeu de sainte Agnès*.

2. «Je ferai un vers sur le pur néant[1]...»

Dans cette *canso*, le poète surprend et déroute le lecteur: il refuse l'idée même de tout sujet préalable à sa création poétique et prétend ainsi avoir composé ce poème en dormant sur son cheval.

I. Je ferai un vers sur le pur néant: il n'y sera question ni de moi ni d'autres gens, ni d'amour ni de noblesse, ni d'autre chose; je viens de le composer en dormant, sur un cheval.

II. Je ne sais sous quelle étoile je suis né: je ne suis ni joyeux ni triste, ni revêche ni familier, et je n'en puis mais[2]; car tel je fus doué[3] par une fée, une nuit, sur une haute montagne.

III. Je ne sais si je dors ou si je veille, à moins qu'on ne me le dise. Peu s'en faut que mon cœur n'éclate d'un chagrin mortel; mais je n'en fais pas plus de cas que d'une souris, par saint Martial[4]!

IV. Je suis malade et je crois que je vais mourir, et je ne sais rien de ma maladie que ce qu'on m'en dit; je chercherai un médecin à ma fantaisie[5], et je ne sais qui [ce sera]; il sera bon s'il peut me guérir, mauvais, si mon mal s'aggrave.

1. **Sur le pur néant**: sans aucun sujet, à partir de rien.
2. **Je n'en puis mais**: je ne saurais être autrement, je n'y peux rien.
3. **Doué**: doté, pourvu de ces qualités.
4. **Saint Martial**: saint patron du Limousin, région au sud de la Loire.
5. **À ma fantaisie**: au hasard.

V. J'ai une amie, mais je ne sais qui elle est, car jamais, de par ma foi, je ne la vis ; jamais elle n'a fait chose qui m'agrée[1] ou me déplaise, et il ne m'en chaut[2] ; car jamais il n'y eut ni Normand ni Français dans ma maison.

VI. Jamais je ne l'ai vue et je l'aime fort, jamais elle ne m'a fait droit ni tort[3] ; quand je ne la vois pas, je me passe aisément d'elle, car je n'estime pas cela la valeur d'un coq ; j'en sais une, en effet, plus aimable et plus belle et qui vaut davantage.

VII. Mon « vers » est fait, je ne sais sur quoi ; je vais l'envoyer à celui qui, par un autre, l'enverra là-bas vers l'Anjou[4]…

Les Chansons de Guillaume IX, duc d'Aquitaine [XIIe s.],
trad. par A. Jeanroy, Honoré Champion, 1913.

---

1. **M'agrée** : me plaise.
2. **Il ne m'en chaut** : cela m'est égal.
3. **Jamais elle ne m'a fait droit ni tort** : elle ne m'a jamais fait aucune faveur ni aucun tort.
4. **Anjou** : région de France traversée par la Loire. Au Moyen Âge, on distinguait les troubadours, au sud de la France, des trouvères, au nord.

RAOUL DE HOUDENC

Poète du nord de la France, Raoul de Houdenc (début du XIIIe siècle) a écrit un roman et deux poèmes allégoriques: *Le Roman des Ailes*, sur les devoirs de la chevalerie courtoise, et *Le Songe d'enfer*, dans lequel il décline tous les vices des hommes. Dans ce long récit, écrit en octosyllabes dans la version originale, le poète raconte le rêve de son voyage vers «la cité d'Enfer».

3. Le Songe d'enfer (extrait)

Dans l'extrait retenu, le poète est reçu par le diable en personne pour déguster un repas infernal.

« Tu arrives au bon moment; un léger retard seulement et l'on ne t'attendait plus; car voici le repas tout prêt. » Ainsi me parle Belzébuth[1].

De repas aussi riche et pareil à celui que l'on préparait là, personne n'en a vu; par toute la durée du monde, on n'a pu rencontrer nulle part de telles victuailles[2]. Pour mon compte, j'en fus tout ravi de liesse[3]. Tout aussitôt le panetier[4], sans faire attendre personne (ne croyez pas que je mente) étendait, sous les mains des convives, des nappes faites avec la peau d'usuriers sans loyauté[5]. Lors[6] prend un siège le Roi et les autres font de même, comme moines en un couvent. Deux popelicans[7] posés l'un sur l'autre me servirent de chaise, je n'en eus pas d'autre. Ma table fut faite d'un tisserand. Et le sénéchal[8] avant toutes choses me mit une serviette en main, le cuir

1. **Belzébuth**: nom donné au diable.
2. **Victuailles**: mets, aliments.
3. **Liesse**: joie intense, jubilation.
4. **Panetier**: personne chargée de la distribution du pain.
5. **Usuriers sans loyauté**: personnes malhonnêtes qui prêtent de l'argent avec un taux d'intérêt abusif.
6. **Lors**: alors (vieilli).
7. **Popelicans**: infidèles à la religion catholique.
8. **Sénéchal**: officier d'un palais royal.

d'une vieille courtisane[1]. Je l'étendis par devant moi. J'étais non loin du Roi une toise[2] à peu près cette nuit-là, j'eus un hôte excellent et qui tendrement me traita. Vint aussitôt le premier plat. Le mets qu'on servit devant nous fut copieux et chaud. Des lutteurs à la sauce à l'ail. Chacun en eut un grand morceau mal découpé. On s'en trouva bien rassasié. Après les lutteurs on eut des usuriers gras à l'excès et qui avaient leur honnêteté. Ils étaient cuits; et s'ils étaient si bien lardés le long des côtes, c'est que le bien d'autrui les avait engraissés. Devant, derrière et sur les flancs, chacun eut bien deux doigts de lard. Rien n'est si gras qu'on ne le larde; telle est l'habitude d'enfer.

Mais ceux d'enfer dans leur couvent, je vous le dis sans chercher à feindre[3], n'ont guère, selon ce que je vis, de mépris pour un tel plat; car on leur sert en tout temps des usuriers, l'été comme l'hiver: c'est le mets ordinaire d'enfer.

Un autre plat fut apporté: abondance de chourineurs[4] marinés avec de l'ail. Chacun d'eux était rouge encore du sang des marchands massacrés et dont ils avaient pris l'argent. Un autre plat vint ensuite, qui fut tenu pour frais et savoureux: de vieilles putains pustuleuses[5], à la peau crevassée[6] comme celle des ânesses et d'un goût à point faisandé[7]. La plupart s'en félicitèrent, au point de s'en lécher les doigts; l'odeur puante des putains pour leur flair était un délice, et l'on dirait que j'en respire encore.

Après ce plat devant le Roi, fut apporté un entremets[8], dont s'exclama fort l'assistance. C'était un rôti d'hérétiques à la grand'sauce Paris, dont le nom vient de leur histoire. Si je ne me trompe, on leur fit, par jugement à tous ensemble une sauce de feu, assaisonnée, de damnation[9] pour son achèvement.

1. **Le cuir d'une vieille courtisane**: la peau d'une femme aux mœurs légères.
2. **Toise**: ancienne unité de mesure équivalant à deux mètres environ.
3. **Feindre**: mentir.
4. **Chourineurs**: assassins (vieilli et argotique).
5. **Pustuleuses**: dont la peau est recouverte de boutons.
6. **Crevassée**: gercée.
7. **Faisandé**: avarié.
8. **Entremets**: plat servi entre le plat principal et le dessert (vieilli).
9. **Damnation**: châtiment de l'enfer.

En pareille sauce, tout chauds et tout fumants, ils furent servis à la table d'Enfer, sur des broches de fer, devant le Roi. Grande assistance autour du prince, qui en souriait de rude liesse. Très largement il présenta les mets et la distribution fut si copieuse, par ci, par là, que les uns et les autres s'en louèrent en toute franchise, au point de proclamer que pareil plat ne s'était jamais vu sur aucune table. D'autres hérétiques[1] eurent-ils; jamais ils n'avaient vu de mets si agréable, au point que les sachant rôtis, ils les croyaient couverts d'épices. Ils en faisaient leurs meilleures délices, comme d'un breuvage et tous en avaient à foison.

Mais ils demeuraient inquiets de manquer de nourriture. Sur ce, Gourmont d'Argent s'en vint en enfer avec toute sa suite, selon l'ordre qu'il avait reçu. L'un d'eux, bavard incorrigible, me dit aussitôt de Gourmont, qu'on en ferait un hochepot[2], après les hérétiques, qui sentaient le grillé, et que l'on farcirait ensuite, à grand'gaîté, de déloyaux plaideurs[3]. Plusieurs en menaient grand bruit entre eux, parlant des faux jugements qui leur sont coutumiers et du loyer qu'ils en attendent, et des deniers[4] qu'ils en soutirent, pour en acheter des viandes à se grossir le ventre: avec un plaisir impossible à peindre, on les dévore à la table d'enfer.

[...] À mon départ, ce fut merveille comme chacun me voulut faire fête. *Raoul* prend congé. Il s'éveille. Et ce conte si à point s'achève, que je ne saurais en dire davantage, quelque aventure qui soit, avant que de songer l'occasion revienne.

Sans mentir, *Raoul de Houdenc* a bien d'un songe composé ce fableau[5]. Ici finit le songe d'Enfer. Dieu m'en garde hiver comme été. Je vous dirai plus tard, celui de Paradis. Dieu nous y mène et nos amis.

Le Songe d'enfer [XIIIe s.], vers 417-536 et 670 à fin,
trad. par Ph. Lebesgue, Slatkine, 1974.

---

1. **Hérétiques**: personnes qui défendent les idées condamnées par l'Église catholique
2. **Hochepot**: ragoût de viande hachée.
3. **Plaideurs**: personnes qui contestent en justice (péjoratif).
4. **Deniers**: anciennes pièces de monnaie.
5. **Fableau** ou fabliau: au Moyen Âge, conte populaire en vers, satirique ou moral.

RUTEBEUF

Jongleur, Rutebeuf (1230-1285) chante des vers en s'accompagnant d'un instrument. La marginalité de cette activité, qui entraînait détresse et pauvreté, est une source d'inspiration pour le poète qui compose ainsi des *Poèmes de l'infortune* et renouvelle les thèmes traditionnels de la poésie lyrique.

4. La Voie d'humilité (extrait)

Dans *La Voie d'humilité* ou *Voie de paradis*, Rutebeuf fait le récit d'un rêve dans lequel il se décrit en pèlerin, arpentant les chemins difficiles de la foi pour accéder au paradis. En route, il croise les cités de Repentance, Confesse et Pénitence.

Au point du jour[1], qu'on se met à l'ouvrage[2],
Rutebeuf, dont l'ouvrage est rude,
car il est rude, tout est là,
était pour ainsi dire dans son premier sommeil.
Il ne se demande guère, sachez-le,
où il pourra trouver sa vie.
En dormant, il fit un songe :
écoutez-en le contenu,
car je ne vous dis pas de bourdes[3].
En rêve il prenait écharpe et bourdon[4],
Rutebeuf, et se mettait en route.
Le voilà qui chemine sans bouger d'où il est.
Quand tout le monde m'eut quitté,
c'est vers le paradis, à ce qu'il me sembla,
que je dirigeai mon pèlerinage[5].

---

1. **Au point du jour** : à l'aube.
2. **Ouvrage** : travail, labeur.
3. **Bourdes** : mensonges.
4. **Bourdon** : bâton de pèlerin qui aide à la marche.
5. **Pèlerinage** : voyage, souvent longue marche, vers un lieu saint.

Les hôtes que j'eus en chemin,
la voie que j'ai suivie : tel sera mon propos.
Il y a peu, je n'en savais rien moi-même.
Je m'engageai sur un chemin étroit.
J'y trouvai une foule inquiète
qui s'apprêtait à le suivre.
J'en vis beaucoup qui s'en retournaient
parce que le chemin était mauvais.
Pour tout vous dire, il n'y a pas grand presse[1],
moins que je n'aurais cru.
Je n'étais pas allé bien loin
quand je trouvai un chemin sur la gauche.
Je vous le décrirais bien
si je n'avais tant à faire.
Les gens qui refluent[2] du mien
y trottent aussi vite
qu'un palefroi va l'amble[3].
Ce chemin est beau et plaisant,
agréable et facile :
chacun y trouve à volonté
tout ce qu'il souhaite et désire.
Il est si plaisant que chacun s'y engage,
mais il s'est levé à une heure bien néfaste[4],
celui qui s'y engage, s'il ne s'en revient pas.
Ce chemin mène à un repaire[5]
de douleur et de détresse.
Il est large, mais devient sans cesse plus étroit.
Ses pèlerins ne sont pas sages :
il leur faut passer un passage
dont aucun ne reviendra.

1. **Grand presse** : grand monde.
2. **Refluent** : vont en sens inverse.
3. **Aussi vite qu'un palefroi va l'amble** : aussi vite qu'un cheval au trot.
4. **Néfaste** : funeste.
5. **Repaire** : lieu où l'on se retire.

Sachez qu'au retour il y a
des êtres méchants et cruels
qui, quoi qu'on leur donne ou qu'on leur promette,
n'en laissent pas échapper un seul,
dès lors qu'ils ont pu l'attraper.
Je ne voulus pas suivre ce chemin :
il me tardait de m'en retourner.
Je suivis le chemin de droite.
Moi qui n'ai pas le renom d'être matinal,
je couchai la première nuit
(pour abréger mon histoire)
dans la cité de Pénitence[1].

La Voie d'humilité [v. 1262], vers 17 à 73, in *Œuvres complètes*, t. I, trad. par M. Zink, Garnier, « Textes littéraires du Moyen Âge », 2010.

1. **Pénitence** : repentir ; dans la religion catholique, un des sept sacrements par lequel le prêtre absout les péchés.

GUILLAUME DE MACHAUT

Musicien et poète, Guillaume de Machaut (v. 1300-1377) a été au service de princes français et étrangers. Il a également forgé les règles musicales et littéraires de plusieurs formes poétiques comme la ballade, le rondeau ou le lai. Dans son roman épistolaire *Le Livre du voir dit*[1], il conte ses amours avec une jeune femme.

5. Chanson balladée de l'amant

Dans cette ballade, qui s'inscrit dans la tradition de la poésie courtoise, le poète rêve de sa dame, qu'il aime sans l'avoir jamais vue, et décrit sa joie à venir au moment de leur rencontre.

Je ne puis me rassasier[2]
De rêver ni de m'imaginer
Ce que je ferai
Ni quelle attitude j'aurai
Quand je verrai pour la première fois
Le visage clair de ma dame
Qui n'a son pareil.

Je suis certain que je serai saisi
Si fort que je ne saurai
Avec elle parler,
Et que sans qu'il fasse froid je tremblerai
Et sans qu'il fasse chaud je suerai ;
Et il me faudra
Soupirer et étouffer
Mes soupirs pour dissimuler mon désarroi[3] ;
Alors je n'oserai

---

1. ***Le Livre du voir dit*** : le livre du dit véridique, authentique
2. **Rassasier** : repaître (sens propre), contenter (sens figuré).
3. **Désarroi** : trouble.

Articuler un mot; c'est pourquoi je laisserai
Amour œuvrer,
Qui sait combien sans hypocrisie
Je l'aime d'un cœur sincère.

Je ne puis me rassasier
De rêver ni de m'imaginer
Ce que je ferai
Ni quelle attitude j'aurai
Quand je verrai pour la première fois
Le visage clair de ma dame
Qui n'a son pareil.

Hé Dieu! Comment je supporterai
Le très doux rai[1]
Du regard amoureux
De ses doux yeux, je ne sais,
Car j'ai à supporter nombre
Parmi les maux d'amour:
En face d'eux je ne pourrai subsister,
Et pour soutenir de tels chocs
Je me sais faible;
Si Espoir, qui connaît mon trouble,
Ne me vient
Réconforter, sans attendre
Je m'enfuirai.

Je ne puis me rassasier
De rêver ni de m'imaginer
Ce que je ferai
Ni quelle attitude j'aurai
Quand je verrai pour la première fois
Le visage clair de ma dame

1. **Rai**: rayon de lumière (vieilli).

Qui n'a son pareil.
Et pourtant, non, je me trouble trop,
Car je me délecterai[1]
À contempler
Son doux visage riant et gai,
Bien plus doux que le parfum
De la rose en mai;
Et si je puis espérer
Qu'elle daigne[2] m'aimer,
J'oublierai
Tous les maux: je guérirai ainsi
Rien que d'y penser,
Et je n'ai pas de raisons de tant redouter
Les maux que je traîne avec moi.

Je ne puis me rassasier
De rêver ni de m'imaginer
Ce que je ferai
Ni quelle attitude j'aurai
Quand je verrai pour la première fois
Le visage clair de ma dame
Qui n'a son pareil.

Le Livre du voir dit [1363-1365],
trad. par P. Imbs, Librairie générale française,
« Le livre de poche », 1999.

1. **Me délecterai**: savourerai
2. **Daigne**: consente, ait la bonté de.

CHRISTINE DE PISAN

Veuve très jeune, Christine de Pisan (v. 1365-1430) doit faire vivre sa famille. Elle rédige alors des œuvres de commande et des poèmes de cour adressés aux princes en échange de leur protection. Elle apporte aux genres poétiques traditionnels d'importantes variations métriques et thématiques et confère à sa poésie une dimension spontanée.

6. « Ovide[1] dit qu'il est un messager... »

Cette ballade présente un songe angoissant puisqu'il révèle à la rêveuse l'infidélité de son amant.

Ovide dit qu'il est un messager,
Qui en dormant les nouvelles apporte,
Les gens endort, et puis les fait songer
De joie ou deuil, songes de mainte sorte.
Morpheüs[2] ce messager on appelle ;
Du dieu qui dort est fils, selon la fable,
Qui en plusieurs formes se renouvelle,
Il nonce[3] aux gens mainte chose notable[4],

Ce même dieu de sommeil allégé,
Pitié pour nous, veut le mal que je porte.
Car nouvelles il m'envoie sans danger
De mon ami, autre ne me conforte[5].

---

1. **Ovide** (43 av. J.-C.-17 apr. J.-C.) : poète latin qui a écrit *Les Métamorphoses*, vaste poème mythologique dans lequel il raconte les transformations des héros et des dieux en plantes, en minéraux, en animaux ou en monstres.
2. **Morpheüs** ou Morphée : dieu des rêves prophétiques dans la mythologie grecque.
3. **Nonce** : annonce.
4. **Notable** : considérable, importante.
5. **Conforte** : réconforte.

Mais quand chose me dit qui ne m'est belle,
Mon cœur tremble plus que feuille d'érable;
Car en nul cas de rien le voir ne scelle,
Il nonce aux gens mainte chose notable.

Et ma douleur fait moult assouagier[1]
Le dieu qui dort, certes je fusse morte
Si lui le fût; mais pleurer de legier
Me fait souvent[2], car trop me déconforte[3]
Quand il me dit qu'une autre damoiselle[4]
Tient mon ami, et qu'il soit véritable
J'ai grande peur; car, de toute querelle,
Il nonce aux gens mainte chose notable.

Cent ballades d'amant et de dame [v. 1409] in *Œuvres poétiques*,
Société des anciens textes français, Firmin Didot, 1956.
Adapt. par J. Proust.

1. **Assouagier**: soulager.
2. **Mais pleurer de legier/Me fait souvent**: mais il me fait souvent pleurer en l'allégeant.
3. **Déconforte**: décourage.
4. **Damoiselle**: au Moyen Âge, jeune fille de noble condition.

CHARLES D'ORLÉANS

Charles d'Orléans (1394-1465) a passé vingt-cinq années en prison, en Angleterre, à la suite de la bataille d'Azincourt (1415). Durant cette période, il compose une grande partie de son œuvre poétique, principalement constituée de ballades et de rondeaux.

7. « Quand je me mettrai à voler... »

La longue captivité du poète explique peut-être le rêve d'évasion et de liberté qui s'exprime dans le rondeau suivant, rédigé après le retour de Charles d'Orléans en France en 1440.

Quand je me mettrai à voler
Sur des ailes me sentirai,
Tellement à l'aise serai
Que je crains fort de m'envoler.

On aura beau crier, leurrer[1]
Chemin du vent plaisant suivrai

Quand je me mettrai à voler
Sur des ailes me sentirai,
Tellement à l'aise serai
Que je crains fort de m'envoler.

La cage il m'a fallu garder
Longtemps ; j'en aurai terminé
Puisque temps doux et clair verrai.
On devra me le pardonner[2].

---

1. **Leurrer** : faire revenir un oiseau par un leurre, un appât (sens propre) ; tromper (sens figuré).
2. **Pardonner** : ici, donner tout entier.

Quand je me mettrai à voler
Sur des ailes me sentirai,
Tellement à l'aise serai
Que je crains fort de m'envoler.

Ballades et rondeaux [v. 1450], LGF, « Le livre de poche », 1992.
Adapt. par J. Proust.

FRANÇOIS VILLON

François Villon (1431-1463) mène à Paris une vie de vagabond. Cambrioleur et même assassin, le poète est emprisonné à plusieurs reprises, condamné à la pendaison, gracié, puis banni. Il écrit dans le même temps une œuvre poétique inspirée de sa vie, *Le Lais* (1456) et *Le Testament* (1462), dans laquelle il mêle expression lyrique et descriptions crues du réel.

8. Le Lais (extrait)

Dans les dernières strophes du *Lais* que nous proposons ici, Villon décrit l'assoupissement du poète à sa table de travail.

Finalement, alors que ce soir-là,
tout seul, j'étais en veine d'écrire[1],
rédigeant et composant ces legs[2],
j'entendis la cloche de la Sorbonne[3]
qui chaque jour, à neuf heures,
sonne l'Angélus[4].
Je m'interrompis et posai la plume
pour prier du fond du cœur.

Ce faisant, je plongeai dans un état second,
l'esprit entravé[5], sans avoir pourtant
bu de vin à l'excès.
Alors je sentis que Dame Mémoire
reprenait et rangeait en son armoire
ses facultés auxiliaires,

1. **J'étais en veine d'écrire**: j'étais bien inspiré dans mon œuvre.
2. **Legs** ou lais: au Moyen Âge, petits poèmes narratifs ou lyriques.
3. **La Sorbonne**: université édifiée en 1253 à Paris et qui abritait une faculté de théologie.
4. **Angélus**: prière du soir.
5. **Entravé**: confus.

celle de bien et de mal juger,
et autres facultés de l'intellect[1],

notamment la capacité d'évaluer,
laquelle nous permet de prévoir,
ainsi que celle de former des concepts,
par laquelle il arrive souvent
que, chaque mois, quand elle s'égare,
l'homme devient fou et lunatique[2].
Je l'ai lu, si mes souvenirs sont bons,
plusieurs fois chez Aristote[3].

Alors, les facultés sensitives s'éveillèrent
et activèrent les forces de l'imagination,
laquelle stimula les sens
et immobilisa la raison,
la laissant sans forces,
sous l'effet de l'oubli
qui m'avait envahi,
révélant l'engourdissement de l'esprit.

Quand mon esprit se fut ressaisi
et ma pensée hors de confusion,
j'espérai finir mon propos,
mais je trouvai mon encre gelée
et ma bougie éteinte.
Je n'aurais su où trouver du feu
et je m'endormis comme un sot,
sans trouver l'occasion de terminer.

---

1. **Facultés de l'intellect** : la raison, par opposition aux sens ou facultés sensitives.
2. **Lunatique** : dont les comportements sont influencés par la lune (sens propre) ; fantasque (sens figuré).
3. **Aristote** (v. 384 av. J.-C.-322 av. J.-C.) : philosophe grec qui s'intéressa notamment au rêve.

Établi à la date indiquée ci-dessus,
par le bien réputé Villon,
qui ne mange ni figue ni datte,
sec et noir comme un écouvillon[1].
Il ne possède ni tente ni pavillon[2]
qu'il n'ait légués à ses amis
et n'a que quelques pièces de monnaie
qui seront bien vite dépensées.

Lais [1456], huitains XXXV à fin, in *Lais, Testament* et *Poésies diverses*, trad. par J.-C. Mühlethaler, Honoré Champion, 2004.

---

1. **Écouvillon**: vieux linge attaché à long bâton et qui sert à ramoner les fours ou les cheminées.
2. **Pavillon**: grande tente plantée par les armées en campagne.

CLÉMENT MAROT

Clément Marot (1496-1544) est l'auteur de poésies de cour traditionnelles qui lui assurèrent notamment la protection de Marguerite de Navarre (1492-1549), sœur du roi François Ier. Il regroupe ses œuvres de jeunesse dans *L'Adolescence clémentine* (1532). Emprisonné en 1526, il écrit également une satire violente du monde de la justice (*L'Enfer*).

9. D'un songe

Le dizain qui suit, extrait des *Épigrammes*, décrit l'inspiration sensuelle du poète à la nuit venue.

La nuit passée, en mon lit je songeais
Qu'entre mes bras vous tenais nue à nu;
Mais au réveil se rabaissa la joie
De mon désir en dormant advenu.
Adonc je suis vers Apollon[1] venu
Lui demander qu'adviendrait de mon songe.
Lors lui, jaloux de toi, longuement songe,
Puis me répond: « Tel bien ne peux avoir. »
Hélas m'amour[2], fais lui dire mensonge:
Si confondras d'Apollon le savoir[3].

Les Épigrammes [1538] in *Œuvres poétiques*, t. II,
Garnier, « Classiques », 1993.
Adapt. par J. Proust.

---

1. **Adonc**: alors; **Apollon**: dans la mythologie, dieu de la poésie et de la divination, représenté sous les traits d'un jeune homme d'une très grande beauté.
2. **M'amour**: mon amour.
3. **Si confondras d'Apollon le savoir**: ainsi tu humilieras Apollon lorsqu'il l'apprendra.

PERNETTE DU GUILLET

Issue d'une noble famille lyonnaise, Pernette du Guillet (1520-1545) a écrit des poèmes de formes très diverses, qui devaient être chantés et accompagnés musicalement. Ils sont réunis en 1545 dans le recueil *Rimes*. Au croisement des traditions de la poésie courtoise et italienne, Pernette de Guillet fait entendre, dans ses textes, sa voix personnelle et touchante.

10. La nuit (extrait)

Dans la longue élégie intitulée « La nuit », la poétesse fait part au lecteur de sa réaction à la suite d'un cauchemar. Dans ce songe, deux femmes lui sont apparues : l'une figure céleste de la justice et de la bonté, l'autre figure infernale dont le portrait est dressé dans les vers ci-dessous.

Tout chacun – presque – à les ensuivre ardait[1] :
Mais à l'écart séait[2] une autre Dame,
Qui les mieux nés gentiment retardait.
La face avait rouge, comme une flamme,
Et toutefois d'une masque[3] couverte,
Se tenant loin de celle gent infâme[4] :
En faits discrète, et en parler diserte[5],
Sur la grand'Dame ayant toujours l'œil droit,
Maugré[6] la Reine à l'avance experte :
Ceux qui fuyaient le faux, aimant le droit,
La suivaient tous, et la tenaient de près,
Dont ils étaient loués en maint endroit,
Bien que souvent par les malins d'auprès

1. **Ardait** : brûlait.
2. **Séait** : était assise, se tenait.
3. **Masque** : l'auteur joue probablement sur les différents sens du mot puisqu'au féminin « masque » désigne péjorativement une femme laide.
4. **Gent infâme** : personne méprisable.
5. **Diserte** : loquace, bavarde.
6. **Maugré** : répondit en manifestant son mécontentement.

Fussent moqués secrètement à part
Et en public, par mots et signe exprès;
Mais la grand'Dame, allant en mainte part,
Toujours tournait sa vue çà et là,
Dont ils avaient, maugré la Reine, part.
Et tellement qu'elle, voyant cela,
Pour les ouïr[1] les faisait approcher:
Car onc à nul elle ne se cela.
Quand quelqu'un d'eux la pouvait attoucher,
Et bien au long son vouloir lui déduire,
Elle l'avait, plus que les autres, cher:
Tant qu'ils venaient par sa clarté à luire[2]
Par dessus tous, vu qu'elle les voyait
Ne la vouloir par les autres séduire.
Aussi déjà trop elle s'ennuyait
Des importuns[3], et de leur grande audace,
Parquoi le plus elle les renvoyait.
Lors voyait-on chacun leur faire place,
Bien que parfois les plus malicieux
Les empêchaient par fait, ou par menace;
Et çà et là couraient ambitieux,
Qui, machinant, d'un accord se rangeaient
Contre les bons avec les envieux;
Mais à la fin de dépit enrageaient:
Car, où la Dame honteuse s'approchait,
Comme confus, par les siens s'étrangeaient[4].
La Vieille alors ses cheveux arrachait
De grand'douleur, et de fine détresse,
Et à gagner contre eux elle tâchait.
En telle foule, et si confuse presse[5]

1. **Ouïr**: entendre.
2. **Luire**: briller, éclairer.
3. **Importuns**: personnes indésirables.
4. **S'étrangeaient**: s'éloignaient, s'écartaient.
5. **Presse**: action précipitée.

D'elles chacune à son profit regarde,
Mais complaisant[1] toujours à sa Maîtresse.
Tant les suivis, qu'en fin je me pris garde
De Monstres maints horribles, et difformes,
Que la grand'Dame avait là pour sa garde :
Lesquels, combien que de diverses formes
Ils fussent tous, et sans être semblables,
Si étaient-ils à mal faire conformes.

Rimes [1545], « La nuit », v. 94 à 144, in *Œuvres poétiques de Louise Labé* précédé de *Rimes de Pernette du Guillet*, Gallimard, « Poésie », 2006.

1. **Complaisant** : voulant toujours plaire.

JOACHIM DU BELLAY

Joachim Du Bellay (1522-1560) publie son premier ouvrage en 1549: *Défense et Illustration de la langue française*. Dans ce manifeste, il affirme sa volonté de remplacer le latin par le français dans les textes littéraires et poétiques. La simplicité et l'élégance de ses poèmes (*Les Regrets*, 1558) lui ont par ailleurs valu une célébrité immédiate.

11. « Le fort sommeil, que céleste on doit croire… »

Dans son premier recueil paru en 1549, *L'Olive*, Du Bellay s'inspire du poète italien Pétrarque (1304-1374) et adresse ses poèmes d'amour à une femme imaginaire et idéalisée. Dans le sonnet suivant, il reprend le motif antique de la porte d'ivoire, celle par laquelle passent les songes trompeurs, pour dénoncer les vaines promesses d'amour que lui livre le rêve.

Le fort sommeil, que céleste on doit croire,
Plus doux que miel, coulait aux yeux lassés,
Lorsque d'amour les plaisirs amassés
Entrent en moi par la porte d'ivoire[1].

J'avais lié ce col de marbre, voire
Ce sein d'albâtre[2], en mes bras enlacés,
Non moins qu'on voit les ormes embrassés
Du cep[3] lascif, au fécond bord de Loire.

---

1. Dans l'Antiquité, la porte d'ivoire est celle par laquelle passent les songes trompeurs, par opposition à la porte de corne qu'empruntent les songes véridiques.
2. Albâtre: pierre de couleur blanche.
3. Cep: pied de vigne.

Amour avait en mes lasses moelles[1]
Dardé le trait[2] de ses flammes cruelles,
Et l'âme errait par ces lèvres de roses,

Prête d'aller au fleuve oblivieux[3],
Quand le réveil, de mon aise envieux,
Du doux sommeil a les portes décloses[4].

L'Olive [1549], Garnier, « Classiques », 2009.

12. « C'était alors que le présent des dieux… »

Publié dans *Les Antiquités de Rome* (1558), « Le songe » est un ensemble de quinze sonnets qui proposent une méditation onirique sur la grandeur passée de la ville de Rome. Dans ce premier sonnet, le poète met en scène un démon qui lui apparaît en rêve et qui le met en garde contre la vision glorieuse et idéalisée des ruines romaines.

C'était alors que le présent des dieux
Plus doucement s'écoule aux yeux de l'homme,
Faisant noyer dedans l'oubli du somme[5]
Tout le souci du jour laborieux ;

Quand un démon apparut à mes yeux
Dessus le bord du grand fleuve de Rome,
Qui, m'appelant du nom dont je me nomme,
Me commanda regarder vers les cieux.

1. **Moelles** : os ; par extension, au plus profond de mon corps.
2. **Dardé le trait** : décoché la flèche.
3. **Oblivieux** : oublieux.
4. **Décloses** : ouvertes.
5. **Somme** : sommeil.

Puis m'écria : « Vois, dit-il, et contemple
Tout ce qui est compris sous ce grand temple,
Vois comme tout n'est rien que vanité[1].

Lors, connaissant la mondaine[2] inconstance,
Puisque Dieu seul au temps fait résistance,
N'espère rien qu'en la divinité. »

Les Antiquités de Rome [1558], « Le songe », I,
in *Les Regrets* précédé de *Les Antiquités de Rome*
et suivi de *Défense et Illustration de la Langue française*,
Gallimard, « Poésie », 1975.

---

1. **Vanité** : caractère de ce qui est vain, illusoire ; sentiment d'orgueil.
2. **Mondaine** : du monde.

13. « Ayant tant de malheurs gémi profondément… »

Dans l'avant-dernier sonnet du « Songe », la ville de Rome apparaît enfin en rêve au poète émerveillé quand un violent orage vient soudainement détruire la belle cité. Cette image dénonce ainsi la vanité du songe et de la gloire romaine.

Ayant tant de malheurs gémi profondément,
Je vis une cité quasi semblable à celle
Que vit le messager de la bonne nouvelle,
Mais bâti sur le sable était son fondement.

Il semblait que son chef touchât au firmament[1],
Et sa forme n'était moins superbe que belle :
Digne, s'il en fut onc[2], digne d'être immortelle,
Si rien dessous le ciel se fondait fermement.

J'étais émerveillé de voir si bel ouvrage,
Quand du côté de nord vint le cruel orage,
Qui soufflant la fureur de son cœur dépité[3]

Sur tout ce qui s'oppose encontre sa venue,
Renversa sur-le-champ, d'une poudreuse nue[4],
Les faibles fondements de la grande cité.

Les Antiquités de Rome [1558], « Le songe », XIV,
in *Les Regrets* précédé de *Les Antiquités de Rome* et suivi
de *La Défense et Illustration de la Langue française*,
Gallimard, « Poésie », 1975.

---

1. **Firmament** : ciel, voûte céleste.
2. **Onc** : jamais.
3. **Dépité** : plein de colère.
4. **Poudreuse nue** : nuage de poussière.

PIERRE DE RONSARD

Après avoir renoncé à une carrière diplomatique, Pierre de Ronsard (1524-1585) se tourne vers la poésie. Comme son ami Du Bellay, il s'inspire de l'Antiquité et de la poésie italienne. Dans *Les Amours* (1578), il célèbre tour à tour, Cassandre, Marie et Hélène.

14. «Je voudrais bien richement jaunissant…»

Le sonnet XX des *Amours* témoigne du goût de Ronsard pour la culture antique. Sous couvert de références savantes et mythologiques, le poète exprime, dans ce rêve érotique, son désir pour Cassandre Salviati, jeune Italienne rencontrée à la cour de François Ier en 1545.

Je voudrais bien richement jaunissant
En pluie d'or[1] goutte à goutte descendre
Dans le giron[2] de ma belle Cassandre,
Lorsqu'en ses yeux le somme va glissant.

Puis je voudrais en taureau blanchissant[3]
Me transformer pour sur mon dos la prendre,
Quand en avril par l'herbe la plus tendre
Elle va, fleur, mille fleurs ravissant.

Je voudrais bien pour alléger ma peine,
Être un Narcisse[4] et elle une fontaine,
Pour m'y plonger une nuit à séjour;

1. Allusion à l'épisode mythologique de la métamorphose de Jupiter en pluie d'or pour séduire Danaé.
2. **Giron**: partie du corps entre la taille et les genoux.
3. Allusion à une autre métamorphose de Jupiter, changé en taureau blanc pour enlever la princesse Europe dont il était amoureux.
4. **Narcisse**: personnage mythologique fasciné par son reflet dans l'eau et qui fut changé en fleur poussant au bord des lacs.

Et si voudrais que cette nuit encore
Fût éternelle, et que jamais l'Aurore
Pour m'éveiller ne rallumât le jour.

Les Amours de Cassandre [1552] in *Les Amours*,
Gallimard, «Poésie», 1974.

15. «Il faisait chaud, et le somme coulant…»

Dans ce sonnet, le poète décrit avec élégance, grâce aux images florales et minérales héritées de la poésie italienne, les visions séduisantes qui excitent son esprit et l'empêchent de dormir.

Il faisait chaud, et le somme coulant
Se distillait dans mon âme songearde,
Quand l'incertain d'une idole gaillarde[1]
Fut doucement mon dormir affolant.

Penchant sous moi son bel ivoire blanc,
Et m'y tirant sa langue frétillarde[2],
Me baisotait d'une lèvre mignarde[3],
Bouche sur bouche, et le flanc sus[4] le flanc.

Que de corail[5], que de lis, que de roses,
Ce me semblait, à pleines mains décloses
Tâtai-je lors entre deux maniements[6] !

1. **Idole gaillarde**: image joyeuse, légère.
2. **Frétillarde**: qui s'agite sans cesse.
3. **Mignarde**: gracieuse et délicate.
4. **Flanc**: côté du corps; **sus**: sur.
5. **Corail**: calcaire de couleur rouge, utilisé en bijouterie.
6. **Maniements**: actions d'avoir en main quelque chose que l'on remue.

Mon Dieu, mon Dieu, de quelle douce haleine
De quelle odeur était sa bouche pleine,
De quels rubis, et de quels diamants !

Les Amours de Cassandre [1552]
in *Les Amours*, Gallimard, « Poésie », 1974.

16. « Tout effrayé je cherche une fontaine... »

Dans ce cauchemar, le poète est saisi par les cris de la femme aimée. Tentant de la secourir sans y parvenir, il tombe dans un torrent de feu.

Tout effrayé je cherche une fontaine
Pour expier[1] un horrible songer[2],
Qui toute nuit ne m'a fait que ronger
L'âme effrayée au travail de ma peine.

Il me semblait que ma douce inhumaine
Criait : « Ami, sauve-moi du danger,
À toute force un larron[3] étranger
Par les forêts prisonnière m'emmène. »

Lors en sursaut, où me guidait la voix,
Le fer au poing je brossais[4] dans le bois
Mais en courant après la dérobée[5],

Du larron même assaillir me suis veu[6],
Qui, me perçant le cœur de mon épée,
M'a fait tomber dans un torrent de feu.

Les Amours de Cassandre [1552]
in *Les Amours*, Gallimard, « Poésie », 1974.

---

1. **Expier** : purifier.
2. **Songer** : songe, rêve.
3. **Larron** : brigand.
4. **Brossais** : passais à travers les branchages.
5. **Dérobée** : butin ; le terme désigne ici la femme retenue prisonnière.
6. **Veu** : vu ; forme ancienne du verbe « voir ».

LOUISE LABÉ

Aux côtés de Pernette du Guillet et de Maurice Scève (1500-1560), Louise Labé (1526-1566) est l'une des figures de l'école lyonnaise de la Renaissance. Elle se distingue pourtant des autres poètes par son audace et revendique, dans ses sonnets, l'ardeur du désir féminin.

17. « Tout aussitôt que je commence à prendre… »

La poétesse affirme ici son besoin de rêver. Elle avoue même préférer à la vie réelle et triste le bien-être illusoire que lui procurent les visions du songe.

Tout aussitôt que je commence à prendre
Dans le mol lit le repos désiré,
Mon triste esprit, hors de moi retiré,
S'en va vers toi incontinent[1] se rendre.

Lors m'est avis que dedans mon sein tendre
Je tiens le bien où j'ai tant aspiré,
Et pour lequel j'ai si haut soupiré
Que de sanglots ai souvent cuidé fendre[2].

Ô doux sommeil, ô nuit à moi heureuse !
Plaisant repos, plein de tranquillité,
Continuez toutes les nuits mon songe ;

Et si jamais ma pauvre âme amoureuse
Ne doit avoir de bien en vérité,
Faites au moins qu'elle en ait en mensonge.

Sonnets [1554] in *Œuvres poétiques*, Gallimard, « Poésie », 2006.

---

1. **Incontinent** : aussitôt, immédiatement.
2. **Cuidé fendre** : cru verser.

PHILIPPE DESPORTES

Poète officiel de la cour du roi Henri III, Philippe Desportes (1546-1606) est l'auteur d'*Élégies* et de poésie profane (*Les Amours de Diane*, *Les Amours d'Hippolyte*). À partir de 1587, il se retire de la scène politique et se consacre à l'édition et à la traduction de *Psaumes*.

18. « Ô Songe heureux et doux!... »

Dans ce sonnet aux accents élégiaques et baroques, le poète déplore la fugacité des songes heureux.

Ô Songe heureux et doux! où fuis-tu si soudain,
Laissant à ton départ mon âme désolée[1]?
Ô douce vision, las[2]! où es-tu volée,
Me rendant de tristesse et d'angoisse si plein?

Hélas! Somme trompeur, que tu m'es inhumain!
Que n'as-tu plus longtemps, ma paupière sillée[3]?
Que n'avez-vous encore, ô vous, troupe étoilée,
Empêché le soleil de commencer son train?

Ô Dieu! permettez-moi que toujours je sommeille,
Si je puis recevoir une autre nuit pareille,
Sans qu'un triste réveil me débande[4] les yeux.

Le proverbe dit vrai: « Ce qui plus nous contente
Est suivi pas à pas d'un regret ennuyeux:
Et n'y a chose aucune en ce monde constante. »

Les Amours de Diane [1573], livre I, adapt. par J.-Y. Masson
in *Contre une nuit trop claire*, La Différence, « Orphée », 1989.

---

1. **Désolée**: vide, déserte.
2. **Las**: hélas.
3. **Sillée**: fermée.
4. **Débande**: être une bande (sens propre); ouvre (sens figuré).

AGRIPPA D'AUBIGNÉ

Agrippa d'Aubigné (1552-1630) est marqué par les guerres de religions qui opposent en France les catholiques et les protestants de 1562 à 1598. Engagé aux côtés des protestants, il peint l'horreur et la violence de ce conflit dans *Les Tragiques* (1616). À travers ce long poème satirique et visionnaire, il manifeste sa ferveur religieuse.

19. Prière du soir

Extraite du recueil *L'Hiver*, cette « Prière du soir » fait partie des poésies religieuses d'Agrippa d'Aubigné. Le poète y implore Dieu pour qu'il guide ses rêves afin d'éviter d'être détourné de lui.

Dans l'épais des ombres funèbres[1],
Parmi l'obscure nuit, image de la mort,
Astre de nos esprits, sois l'étoile du Nord,
Flambeau de nos ténèbres.

Délivre-nous des vains[2] mensonges,
Et des illusions des faibles en la foi.
Que le corps dorme en paix, que l'esprit veille à toi,
Pour ne veiller à songes.

Le cœur repose en patience,
Dorme la froide crainte et le pressant ennui.
Si l'œil est clos en paix, soit clos ainsi que lui
L'œil de la conscience.

1. **Funèbres** : qui évoquent la mort.
2. **Vains** : illusoires.

Ne souffre pas en nos poitrines
Les sursauts des méchants sommeillants en frayeur,
Qui sont couverts de plomb, et se courbent en peur
Sur un chevet d'épines.

À ceux qui chantent tes louanges
Ton visage est leur ciel, leur chevet ton giron,
Abriez[1] de tes mains, les rideaux d'environ
Sont le camp de tes Anges.

Poésies religieuses [XVIe s.] in *Œuvres*,
Gallimard, « Bibliothèque de la Pléiade », 1969.

1. **Abriez** : abrités, protégés.

JEAN-BAPTISTE CHASSIGNET

L'œuvre de Jean-Baptiste Chassignet (1571-1635), poète et avocat, a été découverte après la Seconde Guerre mondiale. Le *Mépris de la vie et Consolation de la mort* comprend plus de quatre cents sonnets à travers lesquels le poète expose son élan mystique et sa vision sombre du monde.

20. « Est-il rien de plus vain qu'un songe mensonger... »

Dans le sonnet suivant, le poète attire l'attention du lecteur sur l'instabilité de la vie et la compare aux images fugaces et inconstantes du songe.

Est-il rien de plus vain qu'un songe mensonger,
Un songe passager, vagabond, et muable[1] ?
La vie est toutefois au songe comparable,
Au songe vagabond, muable, et passager.

Est-il rien de plus vain que l'ombrage[2] léger,
L'ombrage remuant, inconstant, et peu stable ?
La vie est toutefois à l'ombrage semblable,
À l'ombrage tremblant sous l'arbre d'un verger[3].

Aussi, pour nous laisser une preuve assurée
Que cette vie était seulement une entrée
Et départ de ce lieu, entra soudainement

1. **Vagabond, et muable** : errant, et changeant.
2. **Ombrage** : feuillage.
3. **Verger** : terrain planté d'arbres fruitiers.

Le sage Pythagore[1] en sa chambre secrète
Et n'y fut point si tôt, ô preuve bien tôt faite,
Comme il en ressortit encor plus vistement[2].

Mépris de la vie et Consolation de la mort [1594],
Hachette Livre BNF, 2012.

1. **Pythagore** (v. 570 av. J.-C.- v. 480 av. J.-C.) : philosophe et mathématicien grec.
2. **Vistement** : précipitamment.

THÉOPHILE DE VIAU

Accusé d'avoir composé des vers libertins, Théophile de Viau (1590-1626) est emprisonné pendant deux ans et condamné, en 1623, au bûcher auquel il échappe finalement. Ses *Œuvres*, publiées de 1621 à 1626, comprennent notamment deux pièces de théâtre, des sonnets et des odes personnelles. Son écriture poétique se caractérise par un refus des règles classiques et un rythme mélodieux qui lui assurent un grand succès au XVIIe siècle puis, plus tard, au XIXe siècle.

21. « Un corbeau devant moi croasse... »

Dans cette ode, le poète livre la vision cauchemardesque d'un monde inquiétant et renouvelle ainsi le motif du monde renversé.

Un corbeau devant moi croasse,
Une ombre offusque mes regards[1],
Deux belettes et deux renards
Traversent l'endroit où je passe ;
Les pieds faillent à mon cheval[2],
Mon laquais[3] tombe du haut mal[4],
J'entends craqueter le tonnerre,
Un esprit se présente à moi,
J'ois Charon[5] qui m'appelle à soi,
Je vois le centre de la terre.

---

1. **Offusque mes regards** : m'empêche de voir.
2. **Les pieds faillent à mon cheval** : mon cheval perd l'équilibre.
3. **Laquais** : valet.
4. **Haut mal** : crise nerveuse, épilepsie.
5. **Charon** : personnage mythologique qui fait franchir le Styx, fleuve des enfers, aux âmes des morts sur son embarcation.

Ce ruisseau remonte en sa source,
Un bœuf gravit[1] sur un clocher,
Le sang coule de ce rocher,
Un aspic[2] s'accouple d'une ourse,
Sur le haut d'une vieille tour
Un serpent déchire un vautour,
Le feu brûle dedans la glace,
Le soleil est devenu noir,
Je vois la lune qui va choir[3],
Cet arbre est sorti de sa place.

Œuvres [1621] in *Après m'avoir fait tant mourir*,
Gallimard, « Poésie », 2002.

22. « Ministre[4] du repos, Sommeil, père des songes… »

L'érotisme à peine voilé de ce sonnet explique en partie pourquoi Théophile de Viau peut être considéré comme un poète libertin.

Ministre du repos, Sommeil, père des songes,
Pourquoi t'a-t-on nommé l'image de la mort ?
Que ces faiseurs de vers t'ont jadis fait de tort
De le persuader avecque[5] leurs mensonges !

Faut-il pas confesser[6] qu'en l'aise où tu nous plonges,
Nos esprits sont ravis par un si doux transport[7],
Qu'au lieu de raccourcir, à la faveur du sort
Les plaisirs de nos jours, Sommeil, tu les allonges.

---

1. **Gravit** : monte.
2. **Aspic** : vipère.
3. **Choir** : tomber.
4. **Ministre** : personne en charge de remplir une fonction, un office (sens religieux).
5. **Avecque** : avec.
6. **Confesser** : avouer.
7. **Transport** : émotion, sentiment.

Dans ce petit moment, ô songes ravissants!
Qu'Amour vous a permis d'entretenir mes sens,
J'ai tenu dans mon lit Élise toute nue.

Sommeil, ceux qui t'ont fait l'image du trépas[1],
Quand ils ont peint la mort, ils ne l'ont point connue:
Car vraiment son portrait ne lui ressemble pas.

Œuvres [1623] in *Après m'avoir fait tant mourir*,
Gallimard, « Poésie », 2002.

23. «Je songeais que Phyllis[2] des enfers revenue...»

Le poète renouvelle ici avec audace le motif de la revenante qui rend en rêve visite aux vivants.

Je songeais que Phyllis des enfers revenue,
Belle comme elle était à la clarté du jour,
Voulait que son fantôme encore fît l'amour
Et que, comme Ixion, j'embrassasse une nue[3].

Son ombre dans mon lit se glissa toute nue
Et me dit: cher Tircis, me voici de retour;
Je n'ai fait qu'embellir en ce triste séjour
Où depuis ton départ le sort m'a retenue.

1. **Trépas**: mort.
2. **Phyllis**: dans la mythologie grecque, princesse qui meurt de chagrin en espérant le retour de son amant. Son fantôme surgit un jour d'un coffre et cause la mort de l'amant infidèle.
3. **Ixion**: personnage mythologique qui embrassa un nuage, du nom de Néphélée, la prenant pour Héra, la femme de Zeus; le poète joue probablement sur le sens du mot « nue » qui signifie « nuage », « nuée » et désigne le fantôme de Phyllis, mais qui renvoie également à la nudité de la jeune femme.

Je viens pour rebaiser le plus beau des amants,
Je viens pour remourir dans tes embrassements[1].
Alors, quand cette idole eut abusé ma flamme,

Elle me dit : Adieu, je m'en vais chez les morts ;
Comme tu t'es vanté d'avoir… tu mon corps,
Tu te pourras vanter d'avoir… tu mon âme.

Œuvres [1626] in *Œuvres poétiques*, t. III,
Honoré Champion, 1999.

1. **Embrassements** : étreintes.

ANTOINE DE SAINT-AMANT

Au cours de sa vie, Antoine de Saint-Amant (1594-1661) fait de nombreux voyages (Amérique, Espagne, Angleterre, Suède), obtient un siège à l'Académie française et une pension à la cour du roi de Pologne. Dans ses poèmes, publiés en 1629, il exprime son refus des règles classiques qu'il juge trop rigides.

24. Le paresseux

S'inscrivant dans la tradition burlesque, Saint-Amant apprécie les éloges paradoxaux. C'est ainsi qu'il s'amuse à louer l'oisiveté et les rêveries inutiles dans le sonnet intitulé « Le paresseux ».

Accablé de paresse et de mélancolie,
Je rêve dans un lit où je suis fagoté[1],
Comme un lièvre sans os qui dort dans un pâté,
Ou comme un Don Quichotte en sa morne[2] folie.

Là, sans me soucier des guerres d'Italie,
Du comte Palatin[3], ni de sa royauté,
Je consacre un bel hymne à cette oisiveté[4]
Où mon âme en langueur[5] est comme ensevelie.

Je trouve ce plaisir si doux et si charmant,
Que je crois que les biens me viendront en dormant,
Puisque je vois déjà s'en enfler ma bedaine[6],

---

1. **Fagoté** : mal arrangé, mal installé (sens figuré, familier).
2. **Don Quichotte** : héros éponyme du roman de Cervantès (1547-1616), paru en 1605, qui s'identifie aux personnages des romans de chevalerie et finit par sombrer dans la folie ; **morne** : triste, mélancolique.
3. **Palatin** : conseiller du souverain.
4. **Oisiveté** : inactivité, paresse.
5. **En langueur** : abattue, affaiblie.
6. **Bedaine** : ventre (familier).

Et hais tant le travail que, les yeux entr'ouverts,
Une main hors des draps, cher Baudouin, à peine
Ai-je pu me résoudre à t'écrire ces vers.

« Le paresseux » [1629] in *Œuvres*, Mercure de France, 1907.

25. Les visions (extrait)

Dans ces *Visions*, le poète confesse à son ami Damon avoir reçu la visite en songe du fantôme d'un de ses ancêtres. Dans cet extrait, on peut sans doute lire une part de jeu dans la description démesurée que le poète fait alors de sa terreur.

À Damon.

Moi, qu'un sort rigoureux outrage à tout propos,
Et qui ne puis goûter ni plaisir ni repos,
Les cheveux hérissés, j'entre en des rêveries
De contes de sorciers, de sabbat, de furies[1] :
J'erre dans les enfers, je rôde dans les cieux ;
L'âme de mon aïeul[2] se présente à mes yeux,
Ce fantôme léger, coiffé d'un vieux suaire[3],
Et tristement vêtu d'un long drap mortuaire,
À pas affreux et lents s'approche de mon lit ;
Mon sang en est glacé, mon visage en pâlit,
De frayeur mon bonnet sur mes cheveux se dresse,
Je sens sur l'estomac un fardeau[4] qui m'oppresse.
Je voudrais bien crier, mais je l'essaie en vain ;
Il me ferme la bouche avec sa froide main ;
Puis d'une voix plaintive en l'air évanouie,

1. **Sabbat** : assemblée nocturne de sorciers rendant un culte au diable ; **furies** : dans la mythologie latine, divinités infernales qui étaient chargées d'exécuter la vengeance divine.
2. **Aïeul** : ancêtre.
3. **Suaire** : drap blanc dans lequel on ensevelit les morts.
4. **Fardeau** : poids.

Me prédit mes malheurs, et longtemps, sans ciller[1],
Murmurant certains mots funestes à l'ouïe,
Me contemple debout contre mon oreiller.
Je vois des feux volants, les oreilles me cornent[2] ;
Bref, mes sens tout confus l'un l'autre se subornent[3]
En la crédulité[4] de mille objets trompeurs,
Formés dans le cerveau d'un excès de vapeurs,
Qui s'étant emparé de notre fantaisie[5],
La tourne moins de rien en pure frénésie[6].
[…] Si, pour me retirer de ces creuses pensées,
Autour de mon cerveau pesamment amassées,
Je m'exerce parfois à trouver sur mon luth[7]
Quelque chant qui m'apporte un espoir de salut,
Mes doigts, suivant l'humeur de mon triste génie,
Font languir les accents et plaindre l'harmonie ;
Mille tons délicats, lamentables et clairs,
S'en vont à longs soupirs se perdre dans les airs
Et, tremblants au sortir de la corde animée,
Qui s'est dessous ma main au deuil accoutumée,
Il semble qu'à leur mort, d'une voix de douleur,
Ils chantent en pleurant ma vie et mon malheur…

« Les visions » [1629], v. 15 à 38 et 173 à fin,
in *Œuvres*, Mercure de France, 1907.

1. **Ciller** : fermer les yeux ; par extension sans bouger, imperturbablement.
2. **Les oreilles me cornent** : j'ai les oreilles qui sifflent.
3. **Se subornent** : se corrompent.
4. **Crédulité** : croyance naïve.
5. **Fantaisie** : imagination (vieilli).
6. **Frénésie** : fureur, exaltation.
7. **Luth** : instrument à cordes ; emblème d'Orphée, figure du poète lyrique dans la mythologie grecque.

PIERRE DE MARBEUF

Après des études de droit, Pierre de Marbeuf (1596-1645) publie en 1628 ses premiers poèmes, *Recueil de vers*, dans lesquels il met à l'honneur les thèmes de la nature, de la fragilité de la vie et de l'amour, que l'on retrouve également dans la poésie baroque de l'époque.

26. Le retour d'Hélène à Paris

Dans ce sonnet, le poète s'adresse à la femme aimée qui obsède ses rêves et ses pensées. Il dissimule, derrière des images galantes et des jeux de mots, des allusions érotiques.

L'amour de mes pensées, comme de son pinceau,
Vous peint à mon esprit, si je clos ma paupière
Je vous vois en dormant, si je suis sans lumière,
Pour m'éclairer la nuit vous êtes mon flambeau.

Si je suis sur la terre, ou si je suis sur l'eau,
Vous me suivez sur terre, et dessus la rivière :
Car je vous vois toujours et devant et derrière,
La croupe[1] de cheval, la poupe[2] de bateau.

Encor que de mon corps le vôtre soit absent,
À mon esprit toujours vôtre corps est présent :
Concevez-vous cela ma divine maîtresse.

Si pénétrer les corps par son agilité
Est la propre action de la divinité,
L'amour m'avait bien dit que vous étiez déesse.

Recueil de vers [1628] in *Soleil du soleil*,
anthologie de J. Roubaud, P.O.L., 1990.

---

1. **Croupe** : arrière-train.
2. **Poupe** : partie arrière d'un bateau.

JACQUES VALLÉE DES BARREAUX

Proche de Théophile de Viau, Jacques Vallée Des Barreaux (1599-1673) compose un grand nombre de chansons et de poésies qui n'ont été publiées qu'après sa mort. Dans ses textes, il affiche ouvertement son anticonformiste et son incroyance religieuse, ce qui lui vaut d'être considéré par ses contemporains comme un poète libertin.

27. « Tout n'est plein ici-bas que de vaine apparence… »

Le poète conteste dans ce sonnet l'association traditionnelle du sommeil à la mort.

Tout n'est plein ici-bas que de vaine apparence,
Ce qu'on donne à sagesse est conduit par le sort,
L'on monte et l'on descend avec pareil effort,
Sans jamais rencontrer l'état de consistance[1].

Que veiller et dormir ont peu de différence,
Grand maître en l'art d'aimer[2], tu te trompes bien fort
En nommant le sommeil l'image de la mort[3],
La vie et le sommeil ont plus de ressemblance.

Comme on rêve en son lit, rêver en la maison,
Espérer sans succès, et craindre sans raison,
Passer et repasser d'une à une autre envie,

---

1. **Consistance** : stabilité, permanence.
2. Allusion à Ovide (voir note 1, p. 32) et à son *Art d'aimer*.
3. Dans la mythologie, le dieu du sommeil (Hypnos) est le frère jumeau du dieu de la mort (Thanatos).

Travailler avec peine et travailler sans fruit[1],
Le dirais-je, Mortels, qu'est-ce que cette vie ?
C'est un songe qui dure un peu plus qu'une nuit.

Le Nouveau cabinet des Muses [posth. 1673] in *La Vie et les Œuvres complètes de Jacques Vallée Des Barreaux*, de M.-F. Baverel-Croissant, Honoré Champion, 2001.

1. **Fruit** : profit, avantage.

TRISTAN L'HERMITE

Auteur d'un récit d'inspiration autobiographique (*Le Page disgracié*), Tristan L'Hermite (1601-1655) a connu un certain succès avec ses pièces de théâtre et sa poésie lyrique.

28. Les terreurs nocturnes (extrait)

Dans cet extrait des *Terreurs nocturnes*, le poète fait le récit d'un rêve funèbre: il met en scène sa propre mort, qui lui apparaît lors d'une traversée en forêt, à cheval.

Ô Cieux! quel fâcheux arrêt?
Quel calice[1] faut-il boire
De passer une forêt
Durant une nuit si noire?
Je ne puis me réjouir
Eussé-je acquis des royaumes.
Sans rien voir, sans rien ouïr,
Sans trouver que des atomes,
Je vais voir mille fantômes
À me faire évanouir.

Il a plu sur ces ormeaux[2];
En entrant dans ce bocage[3],
Je rencontre des rameaux[4]
Qui m'aspergent le visage.
Mais cette incommodité
Ne me tiendrait guère en peine;
Si je savais le côté
Qu'il faut ici que je prenne:

---

1. **Calice**: vase sacré qui sert à la consécration du vin pendant la messe.
2. **Ormeaux**: jeunes arbres.
3. **Bocage**: petit bois.
4. **Rameaux**: feuillages.

Quand trouverai-je la plaine
Si je me suis écarté ?

Par un triste changement
Que produisent les ténèbres ;
Les bois et les éléments
Ont pris des habits funèbres.
Je suis comme dans un four ;
Que la nuit est peu sereine :
Plût aux bons dieux qu'il fît jour,
Et que je fusse en Lorraine,
Dussé-je y vivre en la peine
D'y mourir bientôt d'amour.

Une ronce m'a piqué,
Sous mes pas la terre tremble,
Et mon cheval a manqué
Des quatre pieds tout ensemble.
Nous voilà tout embourbés[1]
En une mare invisible :
Mes pistolets sont tombés,
Par cette chute terrible :
Et quelque lutin possible
Me les aura dérobés.

Toutefois nous les avons,
Le bassinet[2] sans amorce ;
Remontons et nous sauvons
Si nous en avons la force.
Rien ne paraît à nos yeux
Que la flamme du tonnerre ;

1. **Embourbés** : enlisés.
2. **Bassinet** : partie du pistolet ou fusil, où on met l'amorce pour y mettre le feu.

Et ces vers officieux[1],
Ces petits serpents de verre,
Ces petits feux dont la terre
Se pare à l'envi[2] des cieux.

Mon cheval craint de passer;
De peur, il ronfle et s'arrête.
Des pieds il n'ose presser
Les traces de quelque bête.
Donnons-lui des éperons[3]
Pour chasser ce qui l'effraie;
Faisons du bruit et jurons
En passant par cette voie;
Ou bien nous serons la proie
Des loups de ces environs.

Des hiboux chantent là-bas.
C'est fait, il faut que je meure:
Sans doute de mon trépas
Ils viennent m'annoncer l'heure.
Ô passage dangereux!
Détournez dieux débonnaires[4]
Les présages malheureux
De ces monstres solitaires
Et ne soyez point contraires
Aux desseins[5] d'un amoureux.

«Les terreurs nocturnes» [1634], v. 61 à 130, in *Œuvres complètes*, t. III, Honoré Champion, 2002.

---

1. **Officieux**: prêts à rendre de bons offices, de bons services (ironique).
2. **À l'envi**: en rivalisant avec.
3. **Éperons**: pièces de métal fixées à la botte du cavalier qui permettent d'accélérer l'allure du cheval en lui piquant les flancs.
4. **Débonnaires**: bienveillants.
5. **Desseins**: souhaits, volontés.

GEORGES DE SCUDÉRY

Frère de la romancière Madeleine de Scudéry (1607-1701), Georges de Scudéry (1601-1667) délaisse une carrière militaire pour se consacrer à l'écriture. Il est l'auteur de poésies lyriques et épiques ainsi que de pièces de théâtre appréciées de ses contemporains (*La Comédie des comédiens*, 1635; *La Mort de César*, 1636).

29. Sur un songe

Dans le sonnet qui suit, le poète témoigne probablement de son admiration pour Théophile de Viau. On y retrouve en effet la figure féminine de Phyllis (voir texte 23). Mais le motif de la belle revenante qui apparaît en songe au poète est traité ici sur un mode précieux, loin du rêve érotique de Théophile de Viau.

Ô Prodige étonnant, et difficile à croire,
Enfin je vois Phyllis[1], sans haine, et sans orgueil.
Après un long combat, j'emporte la victoire;
Et l'on voit mon Triomphe, au bord de mon Cercueil.

Ses yeux tout rayonnants de splendeur et de gloire,
Comme un faible nuage, ont dissipé mon deuil;
De l'orage passé, j'ai perdu la mémoire,
Et j'ai trouvé le Port, où je crus un Écueil[2].

D'un regard favorable, et tout rempli de charmes,
Cet Astre de mes jours, vient d'essuyer mes larmes,
Et de cette douceur je suis émerveillé:

1. Voir note 2, p. 58.
2. **Écueil**: rocher au ras de l'eau, dangereux pour la navigation (sens propre); danger (sens figuré).

Sa froideur se réchauffe, à l'ardeur de ma flamme.
Elle m'offre son cœur, en recevant mon âme :
Mais hélas c'est en songe, et l'on m'a réveillé.

Sonnets [1649] in *Poésies diverses*, Schena-Nizet, 1983.

JEAN DE LA FONTAINE

Jean de La Fontaine (1621-1695) rencontre avec ses *Fables*, publiées de 1668 à 1693, un vif succès. S'inspirant des récits antiques d'Ésope (VIe siècle av. J.-C.) ou de Phèdre (v. 15 av. J.-C.-50 ap. J.-C.), il met parfois en scène, dans ses fables versifiées, des animaux afin de divertir et d'instruire les hommes.

30. Le songe d'un habitant du Mogol[1]

Dans cette fable, La Fontaine aborde le sujet de l'interprétation des rêves. Le fabuliste profite alors de l'explication du songe fournie par l'interprète pour exposer au lecteur sa propre conception du bonheur.

Jadis certain Mogol vit en songe un Vizir[2]
Aux champs Élysiens[3] possesseur d'un plaisir
Aussi pur qu'infini, tant en prix qu'en durée;
Le même songeur vit en une autre contrée
Un Ermite[4] entouré de feux,
Qui touchait de pitié même les malheureux.
Le cas parut étrange, et contre l'ordinaire;
Minos en ces deux morts semblait s'être mépris[5].
Le dormeur s'éveilla, tant il en fut surpris.

Dans ce songe pourtant soupçonnant du mystère,
Il se fit expliquer l'affaire.
L'interprète lui dit: « Ne vous étonnez point,
Votre songe a du sens, et, si j'ai sur ce point
Acquis tant soit peu d'habitude,

1. **Mogol**: région d'Asie centrale.
2. **Vizir**: conseiller du souverain.
3. **Champs Élysiens**: paradis, dans la mythologie grecque.
4. **Ermite**: religieux retiré du monde, vivant seul dans un lieu désert.
5. **Minos**: juge des enfers dans la mythologie grecque; **mépris**: trompé.

C'est un avis des Dieux. Pendant l'humain séjour,
Ce Vizir quelquefois cherchait la solitude ;
Cet Ermite aux Vizirs allait faire sa cour. »

Si j'osais ajouter au mot de l'interprète,
J'inspirerais ici l'amour de la retraite[1] :
Elle offre à ses amants des biens sans embarras,
Biens purs, présents du Ciel, qui naissent sous les pas.
Solitude où je trouve une douceur secrète,
Lieux que j'aimai toujours, ne pourrai-je jamais,
Loin du monde et du bruit, goûter l'ombre et le frais ?
Ô qui m'arrêtera sous vos sombres asiles !
Quand pourront les neuf Sœurs[2], loin des cours et des Villes,
M'occuper tout entier, et m'apprendre des Cieux
Les divers mouvements inconnus à nos yeux,
Les noms et les vertus de ces clartés errantes
Par qui sont nos destins et nos mœurs différentes ?
Que si je ne suis né pour de si grands projets,
Du moins que les ruisseaux m'offrent de doux objets !
Que je peigne en mes Vers quelque rive fleurie !
La Parque[3] à filets d'or n'ourdira[4] point ma vie ;
Je ne dormirai point sous de riches lambris.
Mais voit-on que le somme en perde de son prix ?
En est-il moins profond, et moins plein de délices ?
Je lui voue au désert de nouveaux sacrifices.
Quand le moment viendra d'aller trouver les morts,
J'aurai vécu sans soins[5], et mourrai sans remords.

Fables [1678], livre XI, fable 4, Gallimard, « Folio », 1991.

---

1. **Retraite** : vie loin du monde et de ses agitations.
2. **Les neuf Sœurs** : les neuf Muses, divinités qui, dans la mythologie, président les arts (poésie, musique...).
3. **La Parque** : dans la mythologie, déesse qui décide de la destinée humaine, de la naissance à la mort, en filant, dévidant ou coupant le fil de la vie.
4. **Ourdira** : disposera les fils sur le métier à tisser (sens propre) ; préparera, décidera de (sens figuré).
5. **Sans soins** : sans soucis, sans les inquiétudes nées de l'ambition.

JEAN RACINE

Le triomphe d'*Andromaque* en 1667 vaut à Jean Racine (1639-1699) les faveurs du jeune Louis XIV et de sa cour. Dans ses tragédies, écrites en alexandrins, le dramaturge représente la passion amoureuse et la fatalité. Il met en scène, dans un décor antique, des héros intemporels comme ceux de *Britannicus* (1669), *Bérénice* (1670), ou *Phèdre* (1677).

31. Athalie

Composée en 1691, *Athalie* est la dernière des œuvres de Racine. Le dramaturge s'inspire d'un récit biblique. Athalie, reine de Juda, fait massacrer tous les descendants pour régner sur le royaume, avant de découvrir l'existence secrète d'un enfant, héritier du trône. Dans l'extrait suivant, Athalie fait le récit d'un rêve effroyable et prémonitoire qui la hante : sa mère défunte, Jézabel, lui apparaît en songe pour lui annoncer sa mort prochaine.

Je jouissais[1] en paix du fruit de ma sagesse ;
Mais un trouble importun vient, depuis quelques jours,
De mes prospérités[2] interrompre le cours.
Un songe (me devrais-je inquiéter d'un songe ?)
Entretient dans mon cœur un chagrin qui le ronge.
Je l'évite partout, partout il me poursuit.
C'était pendant l'horreur d'une profonde nuit.
Ma mère Jézabel devant moi s'est montrée,
Comme au jour de sa mort pompeusement parée[3].
Ses malheurs n'avaient point abattu sa fierté ;
Même elle avait encor cet éclat emprunté
Dont elle eut soin de peindre et d'orner son visage,
Pour réparer des ans l'irréparable outrage[4].

---

1. **Jouissais** : profitais.
2. **Prospérités** : joies.
3. **Pompeusement parée** : somptueusement vêtue.
4. **Outrage** : affront, injure.

Tremble, m'a-t-elle dit, *fille digne de moi.*
Le cruel Dieu des Juifs l'emporte aussi sur toi.
Je te plains de tomber dans ses mains redoutables,
Ma fille. En achevant ces mots épouvantables,
Son ombre vers mon lit a paru se baisser ;
Et moi, je lui tendais les mains pour l'embrasser.
Mais je n'ai plus trouvé qu'un horrible mélange
D'os et de chair meurtris, et traînés dans la fange[1],
Des lambeaux[2] pleins de sang, et des membres affreux,
Que des chiens dévorants se disputaient entre eux.

Athalie [1691], acte II, sc. 5, Gallimard, « Folio théâtre », 2011.

---

1. **Fange** : boue.
2. **Lambeaux** : morceaux.

Arrêt sur lecture 1

Pour comprendre l'essentiel

Des rêves d'amour

❶ À partir du XIIe siècle, les poètes chantent l'amour courtois, qui se caractérise par un dévouement absolu de l'amant à sa dame. Dites en quoi la situation amoureuse de Guillaume IX d'Aquitaine (texte 2) et de Guillaume de Machaut (texte 5) est paradoxale en vous appuyant sur l'analyse des antithèses et des temps employés.

❷ Pour décrire la femme aimée ou peindre les joies et les souffrances de l'amour, certains poètes multiplient les images galantes. Analysez les métaphores qui associent le corps ou les sentiments amoureux aux éléments de la nature (faune, flore, astres) ou à des pierres précieuses dans les textes 11, 14, 15 et 29.

❸ Certains poèmes présentent des rêves érotiques. Observez le caractère sensuel et audacieux des textes 9, 14, 15, 22, 23 et 26 en commentant les allusions provocantes et les tournures équivoques.

Des cauchemars terrifiants

❹ Certains rêves sont prémonitoires : ils annoncent au poète un futur sombre. Repérez-les puis indiquez à quel avenir le rêveur semble condamné.

❺ De nombreux cauchemars décrivent des scènes d'horreur (texte 3), ressuscitent les morts (textes 23, 25 et 31) ou s'achèvent par une chute terrifiante (textes 16 et 28). Choisissez l'un de ces textes et analysez précisément les procédés d'écriture (hyperboles, personnifications, allégories, antithèses) mis en œuvre pour susciter l'inquiétude et l'angoisse chez le lecteur.

❻ Dans les cauchemars, les lois de la nature sont souvent transgressées. Inversions, incohérences et non-sens dominent les récits de Guillaume IX d'Aquitaine (texte 2) et de Viau (texte 21). Étudiez les images et les procédés employés pour suggérer le caractère énigmatique du monde qui les entoure ainsi que le dérèglement de tous les sens.

Des méditations poétiques

❼ Depuis l'Antiquité, le rêve est considéré comme un lien entre l'humain et le divin. Dites quels sont les poèmes de cette partie de l'anthologie dans lesquels Dieu envoie des songes à l'homme et résumez-les.

❽ Dans leurs poèmes, Chassignet et Des Barreaux recourent au rêve pour exprimer l'instabilité et le caractère dérisoire de la vie sur Terre. Expliquez comment ils procèdent en analysant les comparaisons employées dans les textes 20 et 27.

❾ Le texte 30 est suivi d'une double moralité : celle du personnage de l'interprète (v. 12-17) et celle du fabuliste (v. 18-40). Résumez-les puis commentez l'originalité de la réflexion proposée par La Fontaine.

Rappelez-vous !

• Au XIIe siècle, poètes et troubadours chantent l'**amour courtois**. Selon le modèle de dévouement du sujet à son seigneur, l'amant se soumet à sa dame, une femme inaccessible. Éloigné d'elle, **le poète exprime ses rêves et ses désirs** en vantant sa beauté et sa vertu dans des poèmes chantés (*canso*) ou dansés (ballade).

• Au Moyen Âge, **le rêve est perçu comme un lien entre les hommes et Dieu**. Dans *La Chanson de Roland*, Dieu envoie des songes au héros par le biais d'un messager. **Le rêve et la poésie servent par ailleurs de voies d'exploration de l'inconnu** (Raoul de Houdenc, Rutebeuf).

Vers l'oral du Bac

Analyse du poème « Je voudrais bien richement jaunissant... » de Ronsard, p. 47-48

Montrer comment les références mythologiques nourrissent le rêve érotique

Conseils pour la lecture à voix haute

– Le poème est composé de décasyllabes. Veillez à bien prononcer les *e* muets (ex. « ma belle Cassandre », v. 3 ; « mille fleurs ravissant », v. 8) et à ne pas oublier la diérèse « plu-ie » (v. 2).

– Le poème comporte plusieurs enjambements. Lisez dans la continuité les vers 12 et 13 qui ne forment qu'une seule et même phrase.

– Pour faire entendre le rythme harmonieux du décasyllabe, marquez une légère pause à la coupe, toujours située à la quatrième syllabe du vers.

Analyse du texte

Introduction rédigée

Aux côtés d'Hélène et de Marie, Cassandre Salviati est la femme que Ronsard a le plus célébrée. Publié en 1552, le recueil des *Amours de Cassandre* comprend plus de 180 sonnets. Dans la mythologie grecque, Cassandre est le nom d'une princesse aimée d'Apollon, le dieu de la poésie. Ronsard joue ainsi souvent sur le nom de sa maîtresse pour puiser dans les références mythologiques son inspiration poétique, comme c'est le cas dans ce sonnet. Nous nous intéresserons à la manière dont les références mythologiques alimentent ici le rêve du poète et lui permettent de sublimer son désir. Nous verrons que la courtoisie de ces vers n'est que pure convention. La célébration de la femme aimée semble un prétexte pour exprimer le plaisir de l'expression poétique. Le goût affirmé du poète pour l'imaginaire antique nourrit et renouvelle ainsi le rêve érotique.

Analyse guidée

I. Une courtoisie apparente

a. Cassandre, la femme qui fait l'objet du rêve, est nommée au vers 3. Pourtant, le poète ne s'adresse pas directement à elle. En vous appuyant sur l'analyse de la situation d'énonciation, et notamment sur le choix et la place des pronoms personnels, montrez que le poème ne participe pas d'une réelle entreprise de séduction.

b. Contrairement aux poètes de l'amour courtois, Ronsard ne célèbre pas ici la femme aimée. Elle semble plutôt être prétexte à l'expression poétique. Justifiez-le en relevant les termes qui décrivent ou définissent Cassandre et en procédant à une analyse précise des sujets des verbes d'action et de mouvement.

c. Dans ce sonnet, on observe une disproportion importante entre les vers qui renvoient à la réalité et ceux qui développent des situations imaginaires. Repérez-les et montrez que le poème ne se rapporte pas à une situation amoureuse réelle.

II. Un rêve exalté

a. Le sonnet traduit l'enthousiasme du poète. Analysez les effets de reprises et d'échos, ainsi que le rôle des adverbes d'intensité pour développer cette idée.

b. Dans ce sonnet, les quatrains et les tercets ne mettent pas en scène le rêve de la même façon. Montrez comment l'expression du rêve semble s'amplifier dans les tercets en vous appuyant sur l'enjambement, la progression du lexique et l'emploi des hyperboles.

c. Le rythme même du décasyllabe traduit l'enthousiasme du poète. Repérez la coupe régulière de chaque vers et commentez-la.

III. La peinture savante d'un songe érotique

a. Le songe du poète s'inspire d'un motif récurrent de la poésie latine: la peinture d'un lieu agréable, propice à l'épanouissement des sentiments amoureux. Montrez que le rêve se déroule dans un cadre naturel et harmonieux, en étudiant le lexique utilisé ainsi que le travail sur les sonorités.

b. Ronsard puise également son inspiration dans les mythes antiques. Relevez et expliquez les différentes références mythologiques. Montrez ensuite que le poète se permet toutefois de grandes audaces, en vous appuyant sur les allusions équivoques et les expressions qui relèvent d'une familiarité presque crue.

c. Dans ce sonnet, le poète procède à toute une série d'inversions subtiles qui confèrent une certaine élégance au rêve érotique. Mettez-le en évidence en montrant que les images d'eau et de fleurs renvoient tour à tour au poète et à la femme aimée. Observez de même que les deux protagonistes dorment et veillent successivement.

Conclusion rédigée

Emblématique de la poésie de la Renaissance, ce sonnet puise largement son inspiration dans la mythologie et dans la poésie amoureuse de Pétrarque. Ronsard s'émancipe cependant de ce double héritage pour donner à entendre une expression plus personnelle, celle du désir qui offre au songe un espace de liberté sans limites où s'épanouir et se renouveler à loisir, puisque toutes les métamorphoses y sont possibles. La référence au mythe de Jupiter ou l'identification à Narcisse ne servent donc ni d'ornements précieux, ni de comparaisons flatteuses pour la jeune Cassandre, mais nourrissent l'imaginaire d'un rêve érotique.

Les trois questions de l'examinateur

Question 1. À partir des textes 1, 30 et 31, dites dans quelle mesure on peut, selon vous, considérer la chanson de geste, la fable et la tragédie classique comme de la poésie.

Question 2. À la lecture des poèmes de la Renaissance présentés dans cette partie de l'anthologie, quelles sont les références à l'Antiquité (mythologie, architecture, allusions culturelles) que vous avez retenues ?

Question 3. Observez la toile d'Antonio de Pereda (p. 16). À quels poèmes vous fait-elle penser ? Justifiez précisément votre réponse.

Francisco de Goya, *Le sommeil de la raison engendre des monstres*, gravure, 1797.

POÈMES DU XIXe SIÈCLE

ANDRÉ CHÉNIER

Né à Constantinople (actuelle ville d'Istanbul), André Chénier (1762-1794) publie de son vivant deux textes en vers, *Le Jeu de paume* (1791) et *Hymne aux Suisses de Châteauvieux* (1792). Il participe à la Révolution française et est guillotiné à trente-deux ans, laissant derrière lui de nombreux manuscrits. Son œuvre, fortement inspirée de la poésie antique, est découverte au XIXe siècle.

32. « Allons, l'heure est venue, allons trouver Camille… » (extrait)

Dans ces *Élégies*, le poète chante ses amours contrariées. Ici, il rend visite en songe à Camille, sa bien-aimée, et loue les délices du rêve. Mais, dans la suite du poème, la vision sensuelle se transforme en mauvais rêve et l'amoureux déçu dénonce alors les fausses promesses du songe.

Allons, l'heure est venue, allons trouver Camille.
Elle me suit partout. Je dormais, seul, tranquille ;
Un songe me l'amène ; et mon sommeil s'enfuit.
Je la voyais en songe au milieu de la nuit,
Elle allait me cherchant sur sa couche[1] fidèle,
Et me tendait les bras et m'appelait près d'elle.
Les songes ne sont point capricieux et vains[2] ;
Ils ne vont point tromper les esprits des humains.
De l'Olympe[3] souvent un songe est la réponse ;
Dans tous ceux des amants la vérité s'annonce.
Quel air suave et frais ! le beau ciel ! le beau jour !
Les Dieux me le gardaient ; il est fait pour l'amour.

---

1. **Couche** : lit.
2. **Vains** : illusoires.
3. **Olympe** : montagne qui, dans la mythologie grecque, abrite le séjour des dieux.

Quel charme de trouver la beauté paresseuse ;
De venir visiter sa couche matineuse[1],
De venir la surprendre, au moment que ses yeux
S'efforcent de s'ouvrir à la clarté des cieux ;
Douce dans son éclat, et fraîche, et reposée,
Semblable aux autres fleurs, filles de la rosée !
Oh ! quand j'arriverai, si, livrée au repos,
Ses yeux n'ont point encor secoué les pavots[2],
Oh ! je me glisserai vers la plume indolente[3],
Doucement, pas à pas, et ma main caressante
Et mes fougueux transports[4] feront à son sommeil
Succéder un subit, mais un charmant réveil ;
Elle reconnaîtra le mortel qui l'adore,
Et mes baisers longtemps empêcheront encore
Sur ses yeux, sur sa bouche, empressés de courir,
Sa bouche de se plaindre et ses yeux de s'ouvrir.

Élégies [posth. 1819], XXXIX, v. 1 à 28, in *Poésies*, Gallimard, « Poésie », 1994.

---

1. **Matineuse** : tôt le matin.
2. **Ses yeux n'ont point encor secoué les pavots** : ses yeux ne sont pas encore ouverts ; dans la mythologie grecque, le dieu des rêves, Morphée, endort les hommes à l'aide de fleurs de pavot aux vertus soporifiques.
3. **Indolente** : endormie, languissante.
4. **Fougueux transports** : élans passionnés.

ALPHONSE DE LAMARTINE

Alphonse de Lamartine (1790-1869) publie en 1820 son premier recueil, *Les Méditations poétiques*, qui suscite un enthousiasme immédiat. Élu à l'Académie française en 1829, le poète s'engage par ailleurs dans une carrière politique, en tant que député et ministre, et participe à la formation de la IIe République.

33. À une jeune fille qui avait raconté un rêve

Dans ses *Méditations poétiques*, Lamartine contemple le spectacle de la nature et réfléchit à la destinée humaine. « À une jeune fille qui avait raconté un rêve » se présente comme une mise en abyme du rêve dans laquelle le poète met en garde le lecteur contre les illusions du songe.

Un baiser sur mon front ! un baiser, même en rêve !
Mais de mon front pensif le frais baiser s'enfuit ;
Mais de mes jours taris[1] l'été n'a plus de sève ;
Mais l'Aurore jamais n'embrassera la Nuit.

Elle rêvait sans doute aussi que son haleine
Me rendait les climats de mes jeunes saisons,
Que la neige fondait sur une tête humaine,
Et que la fleur de l'âme avait deux floraisons.

Elle rêvait sans doute aussi que sur ma joue
Mes cheveux par le vent écartés de mes yeux,
Pareils aux jais[2] flottants que sa tête secoue,
Noyaient ses doigts distraits dans leurs flocons soyeux.

---

1. **Taris** : amenuisés, affaiblis.
2. **Jais** : bijoux taillés dans une pierre fine d'un noir brillant.

Elle rêvait sans doute aussi que l'innocence
Gardait contre un désir ses roses et ses lis ;
Que j'étais *Jocelyn* et qu'elle était *Laurence*[1],
Que la vallée en fleurs nous cachait dans ses plis.

Elle rêvait sans doute aussi que mon délire
En vers mélodieux pleurait comme autrefois ;
Que mon cœur sous sa main devenait une lyre[2]
Qui dans un seul soupir accentuait deux voix.

Fatale[3] vision ! Tout mon être frissonne ;
On dirait que mon sang veut remonter son cours.
Enfants, ne dites plus vos rêves à personne,
Et ne rêvez jamais, ou bien rêvez toujours !

Méditations poétiques inédites [1849]
in LGF, « Le livre de poche classiques », 2012.

1. Lamartine fait ici référence à son roman en vers, *Jocelyn* (1836), qui raconte les amours chastes d'un jeune prêtre, Jocelyn, et de Laurence, une jeune fille qu'il a recueillie et élevée.
2. **Lyre** : instrument de musique à cordes, emblème du poète Orphée dans la mythologie grecque.
3. **Fatale** : mortelle.

VICTOR HUGO

Roman, théâtre, poésie, dessin: Victor Hugo (1802-1885) pratique tous les arts avec succès. Son œuvre se compose à la fois de textes historiques, politiques et autobiographiques. Engagé sur la scène politique, élu député, l'auteur a été exilé durant vingt ans, par Napoléon III, sur les îles anglo-normandes de Jersey et de Guernesey.

34. Rêverie

Cette «Rêverie», extraite du recueil *Les Orientales*, traduit une vision fantasmée et pittoresque de l'Orient qui répond à l'engouement de l'époque pour l'exotisme. L'Orient rêvé devient ici source d'inspiration pour le poète.

Lo giorno se n' andava, e l'aer bruno
Toglieva gli animai che sono 'n terra,
Dalle fatiche loro.
DANTE[1].

Oh ! laissez-moi ! c'est l'heure où l'horizon qui fume
Cache un front inégal sous un cercle de brume,
L'heure où l'astre géant rougit et disparaît.
Le grand bois jaunissant dore seul la colline :
On dirait qu'en ces jours où l'automne décline,
Le soleil et la pluie ont rouillé la forêt.

Oh ! qui fera surgir soudain, qui fera naître,
Là-bas, – tandis que seul je rêve à la fenêtre
Et que l'ombre s'amasse au fond du corridor[2],

1. «Le jour s'en allait et l'air assombri soulageait de leurs peines les âmes qui sont sur terre.»; citation extraite de *La Divine Comédie* de Dante (1265-1321), poète italien.
2. **Corridor**: passage étroit, couloir.

Quelque ville mauresque[1], éclatante, inouïe[2],
Qui, comme la fusée en gerbe[3] épanouie,
Déchire ce brouillard avec ses flèches d'or !

Qu'elle vienne inspirer, ranimer, ô génies !
Mes chansons, comme un ciel d'automne rembrunies,
Et jeter dans mes yeux son magique reflet,
Et longtemps, s'éteignant en rumeurs étouffées,
Avec les mille tours de ses palais de fées,
Brumeuse, denteler l'horizon violet !

Les Orientales [1829] in *Les Orientales* suivi de *Les Feuilles d'automne*, Gallimard, « Poésie », 1981.

35. « Oui, je suis le rêveur… »

Le recueil des *Contemplations* paraît en 1856 et regroupe des poèmes écrits durant les vingt années précédentes. L'ouvrage est divisé en six livres qui correspondent à différentes époques de la vie d'Hugo. Le premier livre, intitulé « Aurore », est consacré à la jeunesse du poète. Dans le poème qui suit, il apparaît ainsi en doux rêveur, interlocuteur privilégié de la nature.

Oui, je suis le rêveur ; je suis le camarade
Des petites fleurs d'or du mur qui se dégrade,
Et l'interlocuteur des arbres et du vent.
Tout cela me connaît, voyez-vous. J'ai souvent,
En mai, quand de parfums les branches sont gonflées,
Des conversations avec les giroflées ;
Je reçois des conseils du lierre et du bleuet[4].

1. **Ville mauresque** : ville dont l'architecture imite le style des anciens maures d'Espagne, civilisation d'Afrique du Nord qui conquit l'Espagne au Moyen Âge.
2. **Inouïe** : extraordinaire.
3. **Gerbe** : jet.
4. **Giroflées ; lierre ; bleuet** : plantes vivaces.

L'être mystérieux, que vous croyez muet,
Sur moi se penche, et vient avec ma plume écrire.
J'entends ce qu'entendit Rabelais[1]; je vois rire
Et pleurer; et j'entends ce qu'Orphée entendit.
Ne vous étonnez pas de tout ce que me dit
La nature aux soupirs ineffables[2]. Je cause
Avec toutes les voix de la métempsycose[3].
Avant de commencer le grand concert sacré,
Le moineau, le buisson, l'eau vive dans le pré,
La forêt, basse[4] énorme, et l'aile et la corolle[5],
Tous ces doux instruments m'adressent la parole;
Je suis l'habitué de l'orchestre divin;
Si je n'étais songeur, j'aurais été sylvain[6].
J'ai fini, grâce au calme en qui je me recueille[7],
À force de parler doucement à la feuille,
À la goutte de pluie, à la plume, au rayon,
Par descendre à ce point dans la création,
Cet abîme où frissonne un tremblement farouche[8],
Que je ne fais plus même envoler une mouche!
Le brin d'herbe, vibrant d'un éternel émoi,
S'apprivoise et devient familier avec moi,
Et, sans s'apercevoir que je suis là, les roses
Font avec les bourdons toutes sortes de choses;
Quelquefois, à travers les doux rameaux bénis,
J'avance largement ma face sur les nids,

1. **François Rabelais** (v. 1494-1553): écrivain français, auteur de *Pantagruel* et de *Gargantua*, à qui l'on doit de nombreuses inventions verbales.
2. **Ineffables**: que l'on ne peut nommer ou décrire.
3. **Métempsycose**: réincarnation de l'âme après la mort.
4. **Basse**: instrument de musique à cordes, ancêtre du violoncelle.
5. **Corolle**: partie de la fleur formée par l'ensemble de ses pétales.
6. **Sylvain**: dans la mythologie latine, divinité des forêts.
7. **Je me recueille**: je médite.
8. **Abîme**: cavité, précipice; **farouche**: violent.

Et le petit oiseau, mère inquiète et sainte,
N'a pas plus peur de moi que nous n'aurions de crainte,
Nous, si l'œil du bon Dieu regardait dans nos trous;
Le lis prude[1] me voit approcher sans courroux[2]
Quand il s'ouvre aux baisers du jour; la violette
La plus pudique fait devant moi sa toilette;
Je suis pour ces beautés l'ami discret et sûr;
Et le frais papillon, libertin de l'azur[3],
Qui chiffonne gaîment une fleur demi-nue,
Si je viens à passer dans l'ombre, continue,
Et, si la fleur se veut cacher dans le gazon,
Il lui dit: « Es-tu bête! Il est de la maison[4]. »

Les Roches, août 1835.

Les Contemplations [1856], livre I, XXVII,
Gallimard, « Folio », 2010.

36. Booz endormi

La Légende des siècles **est un recueil dont la composition s'étend de 1859 à 1883 et dans lequel Hugo retrace l'histoire de l'humanité. Rédigé avec les premiers poèmes de 1859, « Booz endormi » s'inspire directement de la Bible. Booz fait un rêve prémonitoire: Dieu lui fait comprendre qu'il doit épouser Ruth, une jeune étrangère venue travailler dans ses champs, car de leur union doit naître une lignée sacrée. Le rêve de Booz est donc le symbole de l'inspiration divine.**

1. **Prude**: pudique, d'une grande vertu; le lis (ou lys) blanc, symbole de la royauté, est aussi souvent associé à la pureté, à la virginité.
2. **Courroux**: colère.
3. L'expression renvoie au verbe « papillonner » qui, au sens propre, signifie battre rapidement des ailes comme un papillon, et, au sens figuré, virevolter, passer d'une femme à l'autre, comme le fait un libertin.
4. **Il est de la maison**: il est de chez nous, de la même famille que nous.

Booz[1] s'était couché de fatigue accablé ;
Il avait tout le jour travaillé dans son aire[2] ;
Puis avait fait son lit à sa place ordinaire ;
Booz dormait auprès des boisseaux[3] pleins de blé.

Ce vieillard possédait des champs de blés et d'orge[4] ;
Il était, quoique riche, à la justice enclin[5] ;
Il n'avait pas de fange[6] en l'eau de son moulin ;
Il n'avait pas d'enfer dans le feu de sa forge.

Sa barbe était d'argent comme un ruisseau d'avril.
Sa gerbe[7] n'était point avare ni haineuse ;
Quand il voyait passer quelque pauvre glaneuse[8] :
« Laissez tomber exprès des épis », disait-il.

Cet homme marchait pur loin des sentiers obliques[9],
Vêtu de probité candide[10] et de lin blanc ;
Et, toujours du côté des pauvres ruisselant,
Ses sacs de grains semblaient des fontaines publiques.

Booz était bon maître et fidèle parent ;
Il était généreux, quoiqu'il fût économe ;
Les femmes regardaient Booz plus qu'un jeune homme,
Car le jeune homme est beau, mais le vieillard est grand.

---

1. Prononcer « Bo–oz » pour respecter la mesure de l'alexandrin.
2. **Aire** : champ.
3. **Boisseaux** : silos, réservoirs où l'on entreposait le blé.
4. **Orge** : plante céréalière.
5. **Enclin** : disposé.
6. **Fange** : boue.
7. **Gerbe** : ici, botte d'épis coupés et liés.
8. **Glaneuse** : personne qui ramasse dans les champs les épis restés au sol après la moisson.
9. **Marchait pur loin des sentiers obliques** : suivait le droit chemin.
10. **Probité** : honnêteté, droiture ; **candide** : qui est d'un blanc d'une pureté absolue (sens propre), d'une grande pureté morale (sens figuré).

Le vieillard, qui revient vers la source première,
Entre aux jours éternels et sort des jours changeants;
Et l'on voit de la flamme aux yeux des jeunes gens,
Mais dans l'œil du vieillard on voit de la lumière.

*

Donc, Booz dans la nuit dormait parmi les siens.
Près des meules[1], qu'on eût prises pour des décombres,
Les moissonneurs couchés faisaient des groupes sombres;
Et ceci se passait dans des temps très-anciens.

Les tribus d'Israël avaient pour chef un juge[2];
La terre, où l'homme errait sous la tente, inquiet
Des empreintes de pieds de géants qu'il voyait,
Était encor mouillée et molle du déluge[3].

*

Comme dormait Jacob, comme dormait Judith[4],
Booz, les yeux fermés, gisait sous la feuillée;
Or, la porte du ciel s'étant entre-bâillée[5]
Au-dessus de sa tête, un songe en descendit.

Et ce songe était tel, que Booz vit un chêne
Qui, sorti de son ventre, allait jusqu'au ciel bleu;
Une race y montait comme une longue chaîne;
Un roi chantait en bas, en haut mourait un Dieu.

---

1. **Meules**: pierres en forme cylindrique qui servaient à moudre les grains de blé en farine; le mot désigne également des ballots de paille.
2. De la prise de la Palestine jusqu'à la période des rois (1200-1030 av. J.-C. env.), des juges dirigèrent le peuple juif. On nomme souvent cette période des juges «le siècle de fer d'Israël».
3. **Déluge**: dans la Bible, désigne le cataclysme qui inonda entièrement la Terre.
4. **Jacob**: dans la Bible, fils d'Isaac et ancêtre du peuple juif. Dans un songe, Dieu lui fait voir une échelle qui mène jusqu'au ciel et lui promet sa protection pour lui et toute sa descendance; **Judith**: dans la Bible, femme qui coupa la tête d'Holopherne, général en chef des armées du roi de Babylone, ennemi du peuple juif.
5. **Entre-bâillée**: entrouverte.

Et Booz murmurait avec la voix de l'âme :
« Comment se pourrait-il que de moi ceci vînt ?
Le chiffre de mes ans a passé quatre-vingt,
Et je n'ai pas de fils, et je n'ai plus de femme.

« Voilà longtemps que celle avec qui j'ai dormi,
Ô Seigneur ! a quitté ma couche pour la vôtre ;
Et nous sommes encor tout mêlés l'un à l'autre,
Elle à demi vivante et moi mort à demi.

« Une race naîtrait de moi ! Comment le croire ?
Comment se pourrait-il que j'eusse des enfants ?
Quand on est jeune, on a des matins triomphants ;
Le jour sort de la nuit comme d'une victoire ;

« Mais, vieux, on tremble ainsi qu'à l'hiver le bouleau[1] ;
Je suis veuf, je suis seul, et sur moi le soir tombe,
Et je courbe, ô mon Dieu ! mon âme vers la tombe,
Comme un bœuf ayant soif penche son front vers l'eau[2]. »

Ainsi parlait Booz dans le rêve et l'extase[3],
Tournant vers Dieu ses yeux par le sommeil noyés ;
Le cèdre[4] ne sent pas une rose à sa base,
Et lui ne sentait pas une femme à ses pieds.

*

1. **Bouleau** : arbre des régions froides et tempérées.
2. Ce vers reprend approximativement les paroles d'Abraham, dans la Genèse (XVII, 17), lorsque Dieu lui promet qu'il aura de Sara un fils alors qu'elle a quatre-vingt-dix ans et lui cent.
3. **Extase** : au sens religieux, état d'une personne en union intime avec Dieu, élan mystique.
4. **Cèdre** : arbre robuste.

Pendant qu'il sommeillait, Ruth, une Moabite[1],
S'était couchée aux pieds de Booz, le sein nu,
Espérant on ne sait quel rayon inconnu,
Quand viendrait du réveil la lumière subite.

Booz ne savait point qu'une femme était là,
Et Ruth ne savait point ce que Dieu voulait d'elle.
Un frais parfum sortait des touffes d'asphodèle[2];
Les souffles de la nuit flottaient sur Galgala[3].

L'ombre était nuptiale, auguste[4] et solennelle;
Les anges y volaient sans doute obscurément,
Car on voyait passer dans la nuit, par moment,
Quelque chose de bleu qui paraissait une aile.

La respiration de Booz qui dormait,
Se mêlait au bruit sourd des ruisseaux sur la mousse.
On était dans le mois où la nature est douce,
Les collines ayant des lys sur leur sommet.

Ruth songeait et Booz dormait; l'herbe était noire;
Les grelots des troupeaux palpitaient vaguement;
Une immense bonté tombait du firmament[5];
C'était l'heure tranquille où les lions vont boire.

---

1. **Moabite**: habitante de Moab, pays au sud-est de la Palestine.
2. **Asphodèle**: plante à grandes fleurs, que les Grecs de l'Antiquité semaient autour des tombeaux.
3. **Galgala**: collines proches de Bethléem, en Palestine.
4. **Nuptiale**: propice à l'union des époux; **auguste**: majestueuse.
5. **Firmament**: ciel.

Tout reposait dans Ur et dans Jérimadeth[1];
Les astres émaillaient le ciel profond et sombre;
Le croissant fin et clair parmi ces fleurs de l'ombre
Brillait à l'occident et Ruth se demandait,

Immobile, ouvrant l'œil à moitié sous ses voiles,
Quel dieu, quel moissonneur de l'éternel été,
Avait, en s'en allant, négligemment jeté
Cette faucille[2] d'or dans le champ des étoiles.

La Légende des siècles [1859], Gallimard, «Poésie», 2002.

1. **Ur**: ville de l'ancienne région de Mésopotamie; **Jérimadeth**: ville imaginaire, inventée par Hugo. On peut peut-être y voir un jeu de mot de l'auteur: «Je rime à dè».
2. **Faucille**: outil qui sert à faucher les blés.

ALOYSIUS BERTRAND

Louis Bertrand, dit Aloysius Bertrand (1807-1841), est l'auteur d'une seule œuvre, *Gaspard de la nuit*, dont le sous-titre, *Fantaisies à la manière de Rembrandt et de Callot*, témoigne de son intérêt pour les arts picturaux et musicaux. Dans ses poèmes en prose, fortement marqués par l'univers médiéval, il décrit des atmosphères lunaires où grouillent toutes sortes de créatures et personnages obscurs.

37. Un rêve

Ce poème en prose se situe au troisième livre de *Gaspard de la nuit*, intitulé « La nuit et ses prestiges », et rapporte les visions macabres du poète. Les effets d'incohérence et de brutalité de ce texte illustrent l'audace poétique d'Aloysius Bertrand.

J'ai rêvé tant et plus, mais je n'y entends note[1].
Pantagruel, livre III[2].

Il était nuit. Ce furent d'abord, – ainsi j'ai vu, ainsi je raconte, – une abbaye aux murailles lézardées[3] par la lune, – une forêt percée de sentiers tortueux[4], – et le Morimont[5] grouillant de capes et de chapeaux.

Ce furent ensuite, – ainsi j'ai entendu, ainsi je raconte, – le glas[6] funèbre d'une cloche auquel répondaient les sanglots funèbres d'une cellule, – des cris plaintifs et des rires féroces dont frissonnait chaque

1. ***Je n'y entends note***: je n'y comprends rien.
2. *Pantagruel* est l'œuvre de François Rabelais (v. 1494-1553), parue en 1532, racontant les aventures du géant Pantagruel, fils de Gargantua.
3. **Lézardées**: fissurées.
4. **Tortueux**: sinueux.
5. **Morimont**: place où se tenaient les exécutions à Dijon, ville où Aloysius Bertrand a étudié.
6. **Glas**: sonnerie d'une cloche d'église qui annonce la mort ou les obsèques de quelqu'un.

feuille le long d'une ramée[1], – et les prières bourdonnantes[2] des pénitents[3] noirs qui accompagnaient un criminel au supplice[4].

Ce furent enfin, – ainsi s'acheva le rêve, ainsi je raconte, – un moine qui expirait[5] couché dans la cendre des agonisants[6], – une jeune fille qui se débattait pendue aux branches d'un chêne. – Et moi que le bourreau liait échevelé sur les rayons de la roue[7].

Dom Augustin, le prieur défunt, aura, en habit de cordelier[8], les honneurs de la chapelle ardente[9], et Marguerite, que son amant a tuée, sera ensevelie dans sa blanche robe d'innocence, entre quatre cierges de cire.

Mais moi, la barre du bourreau[10] s'était, au premier coup, brisée comme un verre, les torches des pénitents noirs s'étaient éteintes sous des torrents de pluie, la foule s'était écoulée avec les ruisseaux débordés et rapides, – et je poursuivais d'autres songes vers le réveil.

Gaspard de la nuit. Fantaisies à la manière de Rembrandt et de Callot
[posth. 1842], livre III, Gallimard, « Folioplus classiques », 2012.

1. **Ramée** : ensemble de branchages.
2. **Bourdonnantes** : qui résonnent.
3. **Pénitents** : membres de confréries religieuses qui, pour expier leurs péchés, s'imposent des pratiques de piété ou de charité. Ils portent en certaines occasions une cagoule et une longue robe noires.
4. **Supplice** : torture engendrant généralement la mort.
5. **Expirait** : rendait son dernier soupir.
6. **Agonisants** : mourants.
7. Le supplice de la roue consistait à attacher sur une roue et à exposer un condamné après lui avoir brisé les membres.
8. **Défunt** : mort ; **habit de cordelier** : longue robe nouée à la taille par une ceinture de corde, symbole de pauvreté.
9. **Chapelle ardente** : dans la religion catholique, lieu où est déposé un cercueil, entouré de nombreux cierges.
10. **La barre du bourreau** : la lame qui sert à l'exécution.

GÉRARD DE NERVAL

Gérard de Nerval (1808-1855), de son vrai nom Gérard Labrunie, mène une vie de bohème tourmentée aux côtés des poètes romantiques. Victime d'hallucinations et de crises de folie, il est interné à plusieurs reprises. Toute son œuvre, poèmes, récits, souvenirs, est marquée par une hésitation permanente entre le rêve et la réalité.

38. Fantaisie

Le titre de ce poème joue sur les différents sens du mot «fantaisie» qui peut désigner à la fois une image irréelle, une apparition et une composition musicale. Un mystérieux air de musique, que seul le poète semble entendre, vient ici raviver le souvenir d'une vie antérieure.

Il est un air pour qui je donnerais
Tout Rossini, tout Mozart et tout Weber[1],
Un air très vieux, languissant[2] et funèbre,
Qui pour moi seul a des charmes secrets !

Or, chaque fois que je viens à l'entendre,
De deux cents ans mon âme rajeunit…
C'est sous Louis treize[3] ; et je crois voir s'étendre
Un coteau vert, que le couchant[4] jaunit,

Puis un château de brique à coins de pierre,
Aux vitraux teints de rougeâtres couleurs,
Ceint[5] de grands parcs, avec une rivière
Baignant ses pieds, qui coule entre des fleurs ;

---

1. **Giocchino Rossini** (1792-1868) ; **Wolfgang Amadeus Mozart** (1756-1791) ; **Carl Maria von Weber** (1786-1826) : compositeurs de musique classique. Au XIXe siècle, «Weber» se prononce «Wèbre».
2. **Languissant** : qui rend mélancolique et rêveur.
3. **Louis XIII** (1601-1643) : roi de France de 1610 à sa mort.
4. **Le couchant** : le soleil couchant.
5. **Ceint** : entouré.

Puis une dame, à sa haute fenêtre,
Blonde aux yeux noirs, en ses habits anciens,
Que, dans une autre existence peut-être,
J'ai déjà vue... et dont je me souviens!

Odelettes [1832] in *Poésies et Souvenirs*, Gallimard, « Poésie », 1974.

39. Le réveil en voiture

Dans ce court poème, Nerval décrit, à travers la vision surprenante d'un paysage en mouvement, l'état de somnolence du poète, entre veille et sommeil, lors d'un trajet en voiture.

Voici ce que je vis: Les arbres sur ma route
Fuyaient mêlés, ainsi qu'une armée en déroute[1],
Et sous moi, comme ému par les vents soulevés,
Le sol roulait des flots de glèbe[2] et de pavés!

Des clochers conduisaient parmi les plaines vertes
Leurs hameaux aux maisons de plâtre, recouvertes
En tuiles, qui trottaient ainsi que des troupeaux
De moutons blancs, marqués en rouge sur le dos[3]!

Et les monts enivrés chancelaient[4], – la rivière
Comme un serpent boa, sur la vallée entière
Étendu, s'élançait pour les entortiller...
– J'étais en poste[5], moi, venant de m'éveiller!

Odelettes [1832] in *Poésies et Souvenirs*, Gallimard, « Poésie », 1974.

---

1. **En déroute**: en fuite.
2. **Glèbe**: motte de terre.
3. Les troupeaux étaient généralement marqués au fer rouge pour ne pas les perdre ou les confondre.
4. **Chancelaient**: vacillaient, oscillaient.
5. **En poste**: en malle-poste, voiture tirée par des chevaux qui permettait autrefois l'acheminement du courrier et le transport des voyageurs.

40. El desdichado[1]

Paru peu de temps avant la mort de Nerval, le recueil des *Chimères*[2] reflète les rêveries et les souvenirs du poète. Entre visions hallucinées, récit de rêve et sonnet mélancolique, « El desdichado » traduit, par l'abondance et la multiplicité des références mythologiques et historiques, l'identité plurielle et énigmatique de son auteur.

Je suis le Ténébreux, – le Veuf, – l'Inconsolé,
Le Prince d'Aquitaine[3] à la Tour abolie :
Ma seule *Étoile* est morte, – et mon luth constellé
Porte le *Soleil noir* de la *Mélancolie*.

Dans la nuit du Tombeau, Toi qui m'as consolé,
Rends-moi le Pausilippe[4] et la mer d'Italie,
La *fleur* qui plaisait tant à mon cœur désolé,
Et la treille où le Pampre[5] à la Rose s'allie.

Suis-je Amour ou Phébus ?... Lusignan ou Biron[6] ?
Mon front est rouge encor du baiser de la Reine ;
J'ai rêvé dans la Grotte où nage la Sirène...

Et j'ai deux fois vainqueur traversé l'Achéron[7] :
Modulant tour à tour sur la lyre d'Orphée
Les soupirs de la Sainte et les cris de la Fée[8].

Les Chimères [1854] in *La Poésie lyrique*, Belin-Gallimard, « Classico », 2010.

---

1. **El desdichado** : mot espagnol qui signifie « le malheureux », « le malchanceux ».
2. **Chimères** : monstres mythologiques. Dans le langage courant, une chimère désigne une rêverie un peu folle.
3. Allusion probable à Guillaume IX d'Aquitaine (voir p. 21).
4. **Pausilippe** : promontoire près de Naples, en Italie, où se trouve le tombeau présumé de Virgile (v. 70-19 av. J.-C.), poète latin.
5. **Pampre** : branche de vigne, avec ses feuilles et ses grappes.
6. **Phébus** : nom latin d'Apollon, le dieu qui inspire les poètes ; **Guy de Lusignan** (1129-1194) : roi de Jérusalem de 1186 à 1192 ; **Biron** (1524-1592) : chef catholique pendant les guerres de Religion. Nerval pensait descendre d'une ancienne famille apparentée aux Biron et aux Lusignan.
7. **Achéron** : dans la mythologie grecque, fleuve des enfers.
8. **La Fée** : la fée Mélusine, dont la légende disait qu'elle avait épousé un membre de la famille Lusignan.

ALFRED DE MUSSET

Très jeune, Alfred de Musset (1810-1857) fréquente les salons littéraires dans lesquels il rencontre Lamartine, Hugo et Nodier. À tout juste vingt ans, il publie son premier recueil de poèmes, *Contes d'Espagne et d'Italie*, suivi quelques années après par *Les Nuits*, qui revient sur sa liaison passionnée avec la romancière George Sand. Musset écrit également des pièces de théâtre comme *Lorenzaccio* (1834) ou *On ne badine pas avec l'amour* (1834).

41. Visions

Dans ce poème posthume, Musset met en scène des spectres féminins, anges de la nuit qui viennent visiter ses rêves. Séduit par leurs apparitions fugaces, le poète implore le retour de ses visions nocturnes.

Je vis d'abord sur moi des fantômes étranges
        Traîner de longs habits ;
Je ne sais si c'étaient des femmes ou des anges !
Leurs manteaux m'inondaient avec leurs belles franges
        De nacre et de rubis.

Comme on brise une armure au tranchant d'une lame,
        Comme un hardi[1] marin
Brise le golfe bleu qui se fend sous sa rame,
Ainsi leurs robes d'or, en grands sillons de flamme,
        Brisaient la nuit d'airain[2] !

---

1. **Hardi** : téméraire, courageux.
2. **D'airain** : dure, implacable ; l'airain est un alliage de métaux proche du bronze.

Ils volaient ! – Mon rideau, vieux spectre en sentinelle[1],
Les regardait passer.
Dans leurs yeux de velours éclatait leur prunelle ;
J'entendais chuchoter les plumes de leur aile,
Qui venaient me froisser.

Ils volaient ! – Mais la troupe, aux lambris[2] suspendue,
Esprits capricieux,
Bondissait tout à coup, puis, tout à coup perdue,
S'enfuyait dans la nuit, comme une flèche ardue[3]
Qui s'enfuit dans les cieux !

Ils volaient ! – Je voyais leur noire chevelure,
Où l'ébène[4] en ruisseaux
Pleurait, me caresser de sa longue frôlure[5] ;
Pendant que d'un baiser je sentais la brûlure
Jusqu'au fond de mes os.

Dieu tout-puissant ! j'ai vu les sylphides[6] craintives
Qui meurent au soleil !
J'ai vu les beaux pieds nus des nymphes[7] fugitives !
J'ai vu les seins ardents des dryades rétives[8],
Aux cuisses de vermeil[9] !

---

1. **Spectre en sentinelle** : fantôme montant la garde.
2. **Lambris** : revêtements d'un plafond.
3. **Ardue** : dont la trajectoire est bien droite.
4. **Ébène** : bois de couleur noire.
5. **Frôlure** : frôlement.
6. **Sylphides** : dans la mythologie celte et germanique, esprits féminins vivant dans les airs et représentés sous les traits de jeunes femmes sveltes et gracieuses.
7. **Nymphes** : dans la mythologie grecque et latine, divinités féminines représentées sous les traits de gracieuses jeunes femmes et personnifiant les esprits de la nature (eau, bois, montagne).
8. **Dryades** : divinités féminines protectrices des arbres et des forêts ; **rétives** : indociles, réfractaires.
9. **Vermeil** : d'un rouge éclatant.

Rien, non, rien ne valait ce baiser d'ambroisie[1],
Plus frais que le matin !
Plus pur que le regard d'un œil d'Andalousie[2] !
Plus doux que le parler d'une femme d'Asie,
Aux lèvres de satin !

Oh ! qui que vous soyez, sur ma tête abaissées,
Ombres aux corps flottants !
Laissez, oh ! laissez-moi vous tenir enlacées,
Boire dans vos baisers des amours insensées,
Goutte à goutte et longtemps !

Oh ! venez ! nous mettrons dans l'alcôve[3] soyeuse
Une lampe d'argent.
Venez ! la nuit est triste et la lampe joyeuse !
Blonde ou noire, venez ; nonchalante ou rieuse,
Cœur naïf ou changeant !

Venez ! nous verserons des roses dans ma couche ;
Car les parfums sont doux !
Et la sultane, au soir, se parfume la bouche
Lorsqu'elle va quitter sa robe et sa babouche[4]
Pour son lit de bambous !

1. **Ambroisie** : dans la mythologie grecque, nourriture des dieux de l'Olympe, procurant l'immortalité à tous ceux qui en mangent.
2. **Andalousie** : région du sud de l'Espagne. Musset a écrit un poème, intitulé « L'Andalouse », dans lequel il loue les nombreux charmes et le caractère passionné de la femme andalouse.
3. **Alcôve** : chambre, lieu des rapports amoureux.
4. **Babouche** : pantoufle.

Hélas ! de belles nuits le ciel nous est avare
Autant que de beaux jours !
Entendez-vous gémir la harpe de Ferrare[1],
Et sous des doigts divins palpiter la guitare ?
Venez, ô mes amours !

Mais rien ne reste plus que l'ombre froide et nue,
Où craquent les cloisons.
J'entends des chants hurler, comme un enfant qu'on tue ;
Et la lune en croissant découpe, dans la rue,
Les angles des maisons.

Poésies posthumes [1859] in *Œuvres complètes*,
Garnier, « Classiques », 1938.

1. **Ferrare** : ville d'Italie.

THÉOPHILE GAUTIER

Directeur de la revue *L'Artiste*, Théophile Gautier (1811-1872) est aussi l'auteur de critiques d'art, de poèmes, comme ceux d'*Émaux et Camées* (1852), de nouvelles fantastiques et de romans, comme *Le Capitaine Fracasse* (1863). Gautier est à l'origine de la théorie de « l'art pour l'art », qui refuse toute idée de moralité ou d'utilité appliquée à l'art.

42. Cauchemar

Le récit macabre et terrifiant de ce cauchemar témoigne du goût de Gautier pour le fantastique.

Bizoy quen ne consquaff a maru garu ne marnaff[1].
Ancien proverbe breton.

Jamais je ne dors que je ne meure de mort amère.
Les goules[2] de l'abyme
Attendant leur victime,
Ont faim :
Leur ongle ardent[3] s'allonge,
Leur dent en espoir ronge
Ton sein.

Avec ses nerfs rompus, une main écorchée
Qui marche sans le corps dont elle est arrachée,
Crispe ses doigts crochus armés d'ongles de fer
Pour me saisir : des feux pareils aux feux d'enfer
Se croisent devant moi ; dans l'ombre des yeux fauves
Rayonnent ; des vautours à cous rouges et chauves,

1. Le proverbe semble être traduit dans la première phrase de l'épigraphe en français : « Jamais je ne dors que je ne meure de mort amère ».
2. **Goules** : femmes vampires qui dévorent les cadavres dans les cimetières.
3. **Ardent** : ici, vif, tranchant.

Battent mon front de l'aile en poussant des cris sourds.
En vain pour me sauver je lève mes pieds lourds,
Des flots de plomb fondu subitement les baignent,
À des pointes d'acier ils se heurtent et saignent,
Meurtris et disloqués ; et mon dos cependant[1]
Ruisselant de sueur, frissonne au souffle ardent[2]
De naseaux[3] enflammés, de gueules haletantes :
Les voilà, les voilà ! dans mes chairs palpitantes
Je sens des becs d'oiseaux avides[4] se plonger,
Fouiller profondément, jusqu'aux os me ronger,
Et puis des dents de loups et de serpents qui mordent
Comme une scie aiguë[5], et des pinces qui tordent ;
Ensuite le sol manque à mes pas chancelants :
Un gouffre me reçoit ; sur des rochers brûlants,
Sur des pics anguleux[6] que la lune reflète,
Tremblant je roule, roule, et j'arrive squelette
Dans un marais de sang ; bientôt, spectres hideux,
Des morts au teint bleuâtre en sortent deux à deux,
Et se penchant vers moi m'apprennent les mystères
Que le trépas[7] révèle aux pâles feudataires[8]
De son empire ; alors, étrange enchantement,
Ce qui fut moi s'envole, et passe lentement
À travers un brouillard couvrant les flèches grêles[9]
D'une église gothique aux moresques dentelles.
Déchirant une proie enlevée au tombeau,
En me voyant venir, tout joyeux, un corbeau

---

1. **Cependant** : pendant ce temps, au même moment.
2. **Ardent** : ici, chaud.
3. **Naseaux** : terme qui désigne les narines, chez un animal.
4. **Avides** : affamés (sens propre).
5. **Aiguë** : très aiguisée (sens propre).
6. **Anguleux** : saillants, pointus.
7. **Trépas** : mort.
8. **Feudataires** : titulaires d'un fief, d'une terre placée sous l'autorité d'un seigneur.
9. **Grêles** : élancées.

Croasse[1], et s'envolant aux steppes[2] de l'Ukraine,
Par un pouvoir magique à sa suite m'entraîne,
Et j'aperçois bientôt, non loin d'un vieux manoir,
À l'angle d'un taillis, surgir un gibet[3] noir
Soutenant un pendu ; d'effroyables sorcières
Dansent autour, et moi, de fureurs carnassières[4]
Agité, je ressens un immense désir
De broyer sous mes dents sa chair, et de saisir,
Avec quelque lambeau[5] de sa peau bleue et verte,
Son cœur demi-pourri dans sa poitrine ouverte.

Reliquiæ de l'édition des Poésies complètes [1845]
in *Œuvres poétiques complètes*, Bartillat, 2004.

1. Ce motif renvoie probablement au poème de Théophile de Viau (voir texte 21).
2. **Steppes** : vastes étendues de végétation éparse, situées dans les zones arides.
3. **Gibet** : instrument servant au supplice de la pendaison.
4. **Carnassières** : voraces, avides.
5. **Lambeau** : morceau.

CHARLES LECONTE DE LISLE

Leconte de Lisle (1818-1894) publie en 1852 ses *Poèmes antiques*, et dix ans plus tard, ses *Poèmes barbares*. Sa poésie s'inspire de la mythologie grecque et des paysages exotiques de son île natale de la Réunion.

43. Le dernier souvenir

Dans ces vers, le poète raconte son rêve morbide et rapproche le sommeil de l'expérience de la mort.

J'ai vécu, je suis mort. – Les yeux ouverts, je coule
Dans l'incommensurable abîme, sans rien voir,
Lent comme une agonie et lourd comme une foule.

Inerte, blême[1], au fond d'un lugubre entonnoir
Je descends d'heure en heure et d'année en année,
À travers le Muet, l'Immobile, le Noir.

Je songe, et ne sens plus. L'épreuve est terminée.
Qu'est-ce donc que la vie ? Étais-je jeune ou vieux ?
Soleil ! Amour ! – Rien, rien. Va, chair abandonnée !

Tournoie, enfonce, va ! Le vide est dans tes yeux,
Et l'oubli s'épaissit et t'absorbe à mesure.
Si je rêvais ! Non, non, je suis bien mort. Tant mieux.

Mais ce spectre, ce cri, cette horrible blessure ?
Cela dut m'arriver en des temps très anciens.
Ô nuit ! Nuit du néant, prends-moi ! – La chose est sûre :

Quelqu'un m'a dévoré le cœur. Je me souviens.

Poèmes barbares [1862], Gallimard, « Poésie », 1985.

1. **Inerte, blême** : qui demeure figé, très pâle.

CHARLES BAUDELAIRE

En 1857, Charles Baudelaire (1821-1867) fait paraître *Les Fleurs du mal*. Le scandale est immédiat. Avec ce recueil, le poète a pour ambition de peindre la modernité de son temps en alliant, de manière inédite, la volupté et la souffrance, la beauté et le mal.

44. Parfum exotique

Ce poème de jeunesse est probablement inspiré par Jeanne Duval, une comédienne rencontrée en 1842, avec laquelle Baudelaire a entretenu une relation intense et tumultueuse. La chevelure féminine et son parfum subtil permettent au poète de voyager en rêve.

Quand, les deux yeux fermés, en un soir chaud d'automne,
Je respire l'odeur de ton sein chaleureux,
Je vois se dérouler des rivages heureux
Qu'éblouissent les feux d'un soleil monotone ;

Une île paresseuse où la nature donne
Des arbres singuliers et des fruits savoureux ;
Des hommes dont le corps est mince et vigoureux,
Et des femmes dont l'œil par sa franchise étonne.

Guidé par ton odeur vers de charmants climats,
Je vois un port rempli de voiles et de mâts
Encor tout fatigués par la vague marine,

Pendant que le parfum des verts tamariniers[1],
Qui circule dans l'air et m'enfle la narine,
Se mêle dans mon âme au chant des mariniers[2].

Les Fleurs du mal [1857], Belin-Gallimard, « Classico », 2009.

---

1. **Tamariniers** : arbres des régions tropicales.
2. **Mariniers** : marins (vieilli).

45. Le vin des amants

Dans ce sonnet, qui constitue le dernier poème de la section « Le vin », Baudelaire associe l'amour et l'ivresse à un rêve mystique d'évasion céleste.

Aujourd'hui l'espace est splendide !
Sans mors, sans éperons, sans bride,
Partons à cheval sur le vin
Pour un ciel féerique et divin !

Comme deux anges que torture
Une implacable calenture[1],
Dans le bleu cristal du matin
Suivons le mirage[2] lointain !

Mollement balancés sur l'aile
Du tourbillon intelligent,
Dans un délire parallèle,

Ma sœur, côte à côte nageant,
Nous fuirons sans repos ni trêves[3]
Vers le paradis de mes rêves !

Les Fleurs du mal [1857], Belin-Gallimard, « Classico », 2009.

1. **Implacable** : irrésistible ; **calenture** : délire observé chez les marins au moment de la traversée des zones tropicales et s'accompagnant d'une violente envie de se jeter à la mer.
2. **Mirage** : dans le désert, illusion d'une nappe d'eau s'étendant à l'horizon et reflétant la végétation et les dunes environnantes.
3. **Trêves** : interruptions, pauses.

46. Rêve parisien

Inspirée du monde de la ville et de sa modernité, la section « Tableaux parisiens » augmente l'édition de 1861 des *Fleurs du mal*. Le poème qui suit peut se lire comme un rêve d'architecte et de peintre, le rêve d'un monde entièrement minéral, qui permet à l'auteur de réaffirmer la supériorité de l'art sur la nature.

À *Constantin Guys*[1].

I

De ce terrible paysage,
Tel que jamais mortel n'en vit,
Ce matin encore l'image,
Vague et lointaine, me ravit.

Le sommeil est plein de miracles !
Par un caprice singulier
J'avais banni de ces spectacles
Le végétal irrégulier,

Et, peintre fier de mon génie,
Je savourais dans mon tableau
L'enivrante monotonie
Du métal, du marbre et de l'eau.

Babel[2] d'escaliers et d'arcades,
C'était un palais infini,
Plein de bassins et de cascades
Tombant dans l'or mat ou bruni ;

---

1. Constantin Guys (1805-1892) : peintre français auquel Baudelaire a consacré une étude en 1863, intitulée *Le Peintre de la vie moderne*.
2. Babel : allusion au mythe de la tour de Babel dans la Bible (Genèse, XI), bâtiment démesuré défiant la puissance divine.

Et des cataractes[1] pesantes,
Comme des rideaux de cristal,
Se suspendaient, éblouissantes,
À des murailles de métal.

Non d'arbres, mais de colonnades
Les étangs dormants s'entouraient,
Où de gigantesques naïades[2],
Comme des femmes, se miraient.

Des nappes d'eau s'épanchaient, bleues,
Entre des quais roses et verts,
Pendant des millions de lieues[3],
Vers les confins[4] de l'univers ;

C'étaient des pierres inouïes
Et des flots magiques ; c'étaient
D'immenses glaces éblouies
Par tout ce qu'elles reflétaient !

Insouciants et taciturnes[5],
Des Ganges[6], dans le firmament,
Versaient le trésor de leurs urnes[7]
Dans des gouffres de diamant.

Architecte de mes féeries,
Je faisais, à ma volonté,
Sous un tunnel de pierreries
Passer un océan dompté ;

1. **Cataractes** : cascades, chutes d'eau.
2. **Naïades** : divinités des eaux.
3. **Lieues** : mesure de distance équivalant à 4 km environ.
4. **Confins** : frontières, limites.
5. **Taciturnes** : mélancoliques, moroses.
6. **Ganges** : le Gange est un fleuve sacré de l'Inde.
7. **Urnes** : vases.

Et tout, même la couleur noire,
Semblait fourbi[1], clair, irisé ;
Le liquide enchâssait[2] sa gloire
Dans le rayon cristallisé.

Nul astre d'ailleurs, nuls vestiges
De soleil, même au bas du ciel,
Pour illuminer ces prodiges,
Qui brillaient d'un feu personnel !

Et sur ces mouvantes merveilles
Planait (terrible nouveauté !
Tout pour l'œil, rien pour les oreilles !)
Un silence d'éternité.

II

En rouvrant mes yeux pleins de flamme
J'ai vu l'horreur de mon taudis[3],
Et senti, rentrant dans mon âme,
La pointe des soucis maudits ;

La pendule aux accents funèbres
Sonnait brutalement midi,
Et le ciel versait des ténèbres
Sur le triste monde engourdi.

Les Fleurs du mal [1861], Belin-Gallimard, « Classico », 2009.

1. **Fourbi** : astiqué.
2. **Enchâssait** : en joaillerie, sertissait, assemblait une pierre dans une monture.
3. **Taudis** : habitation misérable, sale et sans confort.

47. La chambre double

Avec les *Petits Poèmes en prose*, Baudelaire cherche à élaborer une nouvelle forme poétique qui doit, selon lui, s'adapter aux tourments de l'âme humaine, « aux ondulations de la rêverie, aux soubresauts de la conscience ». Dans le poème que nous proposons, la duplicité de la chambre rêvée reflète à la fois les désirs et les angoisses du poète.

Une chambre qui ressemble à une rêverie, une chambre véritablement *spirituelle*, où l'atmosphère stagnante est légèrement teintée de rose et de bleu.

L'âme y prend un bain de paresse, aromatisé par le regret et le désir. – C'est quelque chose de crépusculaire, de bleuâtre et de rosâtre ; un rêve de volupté[1] pendant une éclipse.

Les meubles ont des formes allongées, prostrées, alanguies. Les meubles ont l'air de rêver ; on les dirait doués d'une vie somnambulique, comme le végétal et le minéral. Les étoffes parlent une langue muette, comme les fleurs, comme les ciels[2], comme les soleils couchants.

Sur les murs nulle abomination artistique. Relativement au rêve pur, à l'impression non analysée, l'art défini, l'art positif est un blasphème. Ici, tout a la suffisante clarté et la délicieuse obscurité de l'harmonie.

Une senteur infinitésimale du choix le plus exquis, à laquelle se mêle une très légère humidité, nage dans cette atmosphère, où l'esprit sommeillant est bercé par des sensations de serre chaude.

La mousseline[3] pleut abondamment devant les fenêtres et devant le lit ; elle s'épanche en cascades neigeuses. Sur ce lit est couchée l'Idole, la souveraine des rêves. Mais comment est-elle ici ? Qui l'a amenée ? quel pouvoir magique l'a installée sur ce trône de rêverie et de volupté ? Qu'importe ? la voilà ! je la reconnais.

---

1. **Volupté** : plaisir sensuel.
2. **Ciels** : en peinture, pluriel de « ciel ».
3. **Mousseline** : tissu très fin.

Voilà bien ces yeux dont la flamme traverse le crépuscule ; ces subtiles et terribles *mirettes*[1], que je reconnais à leur effrayante malice[2] ! Elles attirent, elles subjuguent, elles dévorent le regard de l'imprudent qui les contemple. Je les ai souvent étudiées, ces étoiles noires qui commandent la curiosité et l'admiration.

À quel démon bienveillant dois-je d'être ainsi entouré de mystère, de silence, de paix et de parfums ? Ô béatitude ! ce que nous nommons généralement la vie, même dans son expansion la plus heureuse, n'a rien de commun avec cette vie suprême dont j'ai maintenant connaissance et que je savoure minute par minute, seconde par seconde !

Non ! il n'est plus de minutes, il n'est plus de secondes ! Le temps a disparu ; c'est l'Éternité qui règne, une éternité de délices !

Mais un coup terrible, lourd, a retenti à la porte, et, comme dans les rêves infernaux, il m'a semblé que je recevais un coup de pioche dans l'estomac.

Et puis un Spectre est entré. C'est un huissier qui vient me torturer au nom de la loi ; une infâme concubine[3] qui vient crier misère et ajouter les trivialités[4] de sa vie aux douleurs de la mienne ; ou bien le saute-ruisseau[5] d'un directeur de journal qui réclame la suite du manuscrit.

La chambre paradisiaque, l'idole, la souveraine des rêves, la *Sylphide*, comme disait le grand René[6], toute cette magie a disparu au coup brutal frappé par le Spectre.

Horreur ! je me souviens ! je me souviens ! Oui ! ce taudis, ce séjour de l'éternel ennui, est bien le mien. Voici les meubles sots,

1. ***Mirettes***: yeux (langage familier).
2. **Malice**: goût pour le mal.
3. **Concubine**: maîtresse.
4. **Trivialités**: banalités.
5. **Saute-ruisseau**: messager.
6. Allusion à François René de Chateaubriand (1768-1848), écrivain français qui raconte dans ses *Mémoires d'outre-tombe* (1848-1850) qu'à l'adolescence il s'est inventé une compagne idéale, la « Sylphide ».

poudreux, écornés[1] ; la cheminée sans flamme et sans braise, souillée de crachats ; les tristes fenêtres où la pluie a tracé des sillons dans la poussière ; les manuscrits, raturés ou incomplets ; l'almanach où le crayon a marqué les dates sinistres !

Et ce parfum d'un autre monde, dont je m'enivrais avec une sensibilité perfectionnée, hélas ! il est remplacé par une fétide odeur de tabac mêlée à je ne sais quelle nauséabonde[2] moisissure. On respire ici maintenant le ranci[3] de la désolation.

Dans ce monde étroit, mais si plein de dégoût, un seul objet connu me sourit : la fiole de laudanum[4] ; une vieille et terrible amie ; comme toutes les amies, hélas ! féconde en caresses et en traîtrises.

Oh ! oui ! le Temps a reparu ; le Temps règne en souverain maintenant ; et avec le hideux vieillard est revenu tout son démoniaque cortège de Souvenirs, de Regrets, de Spasmes, de Peurs, d'Angoisses, de Cauchemars, de Colères et de Névroses[5].

Je vous assure que les secondes maintenant sont fortement et solennellement accentuées, et chacune, en jaillissant de la pendule, dit : – « Je suis la Vie, l'insupportable, l'implacable Vie ! »

Il n'y a qu'une Seconde dans la vie humaine qui ait mission d'annoncer une bonne nouvelle, la *bonne nouvelle* qui cause à chacun une inexplicable peur.

Oui ! le Temps règne ; il a repris sa brutale dictature. Et il me pousse, comme si j'étais un bœuf, avec son double aiguillon[6]. – « Et hue donc ! bourrique ! Sue donc, esclave ! Vis donc, damné ! »

Le Spleen de Paris [posth. 1869], Belin-Gallimard, « Classico », 2012.

1. **Écornés** : dont les angles sont abîmés.
2. **Nauséabonde** : qui sent mauvais au point de donner la nausée.
3. **Ranci** : moisi.
4. **Laudanum** : médicament à base d'opium, utilisé ici comme drogue.
5. **Névroses** : troubles de l'esprit.
6. **Aiguillon** : bâton piquant qui permet de faire avancer les bœufs.

THÉODORE DE BANVILLE

Ami de Hugo, Baudelaire et Gautier, Théodore de Banville (1823-1891) publie à tout juste vingt ans son premier recueil, *Les Cariatides*. Comparant l'écriture poétique à un travail d'orfèvre, il voue son art à la recherche de la perfection formelle.

48. « Camille, quand la Nuit t'endort... »

Dans les vers suivants, tirés de son deuxième recueil, *Les Stalactites*, le poète interroge Camille, la jeune fille dont il est amoureux, sur ce qu'elle voit en rêve. Il en vient alors à se rappeler leur première étreinte.

Camille, quand la Nuit t'endort sous ses grands voiles
Et qu'un rêve céleste[1] emplit tes yeux d'étoiles,
Quand tes regards, lassés des fatigues du jour,
Se reposent partout sur des routes fleuries
Dans le pays charmant des molles rêveries,
Camille, que vois-tu dans tes songes d'amour ?

Nous vois-tu, revenant par les noires allées,
Tous deux, donner des pleurs aux choses envolées
Que l'oubli dédaigneux[2] couvre de flots dormants,
Ou dans le vieux manoir, au fond des parcs superbes,
Pousser de l'éperon[3] parmi les hautes herbes
Les pas précipités de nos chevaux fumants[4] ?

1. **Céleste** : divin.
2. **Dédaigneux** : orgueilleux, arrogant.
3. **Éperon** : pièce de métal pointue fixée à la botte du cavalier qui permet d'accélérer l'allure du cheval en lui piquant les flancs.
4. **Fumants** : haletants.

Dans les moires de l'eau dont l'azur[1] étincelle,
Nous vois-tu laissant fuir une frêle nacelle[2]
Sur le lac amoureux et frémissant d'accords,
Où, sur le flot bordé par des coteaux de vignes,
Glisse aux vagues lointains la blancheur des beaux cygnes,
Aux accents mariés des harpes et des cors?

Moi, je vois rayonner tes yeux dans la nuit sombre,
Et je songe à ce jour où je sentis dans l'ombre,
Pour la première fois, de ton col renversé
S'échappant à longs flots en boucles ruisselantes,
Tes cheveux déroulés emplir mes mains tremblantes,
Et ta lèvre de feu baiser mon front glacé.

Les Stalactites [1846] in *Œuvres*, t. I, Slatkine, 1972.

1. **Moires**: reflets; **azur**: ciel.
2. **Frêle nacelle**: petite barque.

CHARLES CROS

Homme de science et poète, Charles Cros (1842-1888) fréquente les cercles littéraires où il rencontre Rimbaud et Verlaine. Poète de l'absurde et de la solitude, il publie en 1873 son premier recueil, *Le Coffret de Santal*.

49. Berceuse

Dans cette « Berceuse » adressée à son chat, le poète décrit avec ironie ses rêves d'idylle et ceux de l'animal.

Au comte de Trévelec.

Endormons-nous, petit chat noir.
Voici que j'ai mis l'éteignoir[1]
Sur la chandelle.
Tu vas penser à des oiseaux
Sous bois, à de félins museaux...
Moi rêver d'Elle.

Nous n'avons pas pris de café,
Et, dans notre lit bien chauffé
(Qui veille pleure.)
Nous dormirons, pattes dans bras.
Pendant que tu ronronneras,
J'oublierai l'heure.

Sous tes yeux fins, appesantis,
Reluiront les oaristys[2]
De la gouttière.
Comme chaque nuit, je croirai
La voir, qui froide a déchiré
Ma vie entière.

1. **Éteignoir** : ustensile dont on se sert pour éteindre la flamme d'une bougie.
2. **Oaristys** : idylles, conversations tendres.

Et ton cauchemar sur les toits
Te dira l'horreur d'être trois
Dans une idylle.
Je subirai les yeux railleurs
De son faux cousin, et ses pleurs
De crocodile.

Si tu t'éveilles en sursaut
Griffé, mordu, tombant du haut
Du toit, moi-même
Je mourrai sous le coup félon[1]
D'une épée au bout du bras long
Du fat[2] qu'elle aime.

Puis, hors du lit, au matin gris,
Nous chercherons, toi, des souris
Moi, des liquides
Qui nous fassent oublier tout,
Car, au fond, l'homme et le matou
Sont bien stupides.

Le Coffret de Santal [1873], Gallimard, « Poésie », 1972.

1. **Félon** : traître, infidèle.
2. **Fat** : homme médiocre, qui se croit irrésistible auprès des femmes.

STÉPHANE MALLARMÉ

Stéphane Mallarmé (1842-1898) côtoie très jeune Rimbaud, Verlaine, Manet, et publie ses premiers poèmes vers l'âge de vingt ans, comme *L'Azur* (1864) ou *Brise marine* (1865). On retrouve dans son œuvre les thèmes de la fuite hors du monde ou de la nostalgie de l'enfance. À travers son travail sur les rimes et sur la syntaxe, Mallarmé cherche à atteindre un idéal poétique de nouveauté et de pureté.

50. Brise marine

À la suite de «Parfum exotique» de Baudelaire (voir texte 44), ce poème traduit un rêve d'ailleurs et un désir absolu de tout quitter.

La chair est triste, hélas ! et j'ai lu tous les livres.
Fuir ! là-bas fuir ! Je sens que des oiseaux sont ivres
D'être parmi l'écume inconnue et les cieux !
Rien, ni les vieux jardins reflétés par les yeux
Ne retiendra ce cœur qui dans la mer se trempe
Ô nuits ! ni la clarté déserte de ma lampe
Sur le vide papier que la blancheur défend,
Et ni la jeune femme allaitant son enfant.
Je partirai ! Steamer balançant ta mâture[1]
Lève l'ancre pour une exotique nature !
Un Ennui, désolé par les cruels espoirs,
Croit encore à l'adieu suprême des mouchoirs !
Et, peut-être, les mâts, invitant les orages
Sont-ils de ceux qu'un vent penche sur les naufrages
Perdus, sans mâts, sans mâts, ni fertiles îlots...
Mais, ô mon cœur, entends le chant des matelots !

Poésies [1887], Gallimard, «Poésie», 1992.

1. **Steamer** : bateau à vapeur; **mâture** : ensemble des mâts d'un navire.

51. Apparition

Publié en 1887, le poème «Apparition» semble inspiré du tableau du peintre britannique Rossetti (1828-1882), *La Dormeuse*. Dans ce sonnet, une jeune femme, peut-être Maria Gerhard la fiancée de Mallarmé, apparaît en rêve au poète. Cette vision donne lieu à une évocation harmonieuse, transfigurée par la musique et la peinture.

La lune s'attristait. Des séraphins[1] en pleurs
Rêvant, l'archet aux doigts, dans le calme des fleurs
Vaporeuses, tiraient de mourantes violes
De blancs sanglots glissant sur l'azur des corolles.
– C'était le jour béni de ton premier baiser.
Ma songerie[2] aimant à me martyriser
S'enivrait savamment du parfum de tristesse
Que même sans regret et sans déboire laisse
La cueillaison d'un Rêve au cœur qui l'a cueilli.
J'errais donc, l'œil rivé sur le pavé vieilli
Quand avec du soleil aux cheveux, dans la rue
Et dans le soir, tu m'es en riant apparue
Et j'ai cru voir la fée au chapeau de clarté
Qui jadis sur mes beaux sommeils d'enfant gâté
Passait, laissant toujours de ses mains mal fermées
Neiger de blancs bouquets d'étoiles parfumées.

Poésies [1887], Gallimard, «Poésie», 1992.

---

1. **Séraphins**: anges.
2. **Songerie**: rêverie, état de l'esprit qui laisse vagabonder ses pensées (vieilli).

JOSÉ-MARIA DE HEREDIA

Disciple de Leconte de Lisle, José-Maria de Heredia (1842-1905) publie en 1893 son unique recueil de poèmes, *Les Trophées*. Immédiatement après, il est élu à l'Académie française. Sa poésie, de forme classique, exprime la beauté des paysages et la nostalgie de son île natale, Cuba.

52. La sieste

Par des images et des sonorités délicates, ce sonnet décrit le moment privilégié d'une sieste, communion parfaite entre le poète et la nature.

Pas un seul bruit d'insecte ou d'abeille en maraude[1],
Tout dort sous les grands bois accablés de soleil
Où le feuillage épais tamise un jour pareil
Au velours sombre et doux des mousses d'émeraude.

Criblant le dôme obscur, Midi splendide y rôde
Et, sur mes cils mi-clos alanguis de sommeil,
De mille éclairs furtifs forme un réseau vermeil
Qui s'allonge et se croise à travers l'ombre chaude.

Vers la gaze[2] de feu que trament les rayons,
Vole le frêle essaim[3] des riches papillons
Qu'enivrent la lumière et le parfum des sèves ;

Alors mes doigts tremblants saisissent chaque fil,
Et dans les mailles d'or de ce filet subtil,
Chasseur harmonieux, j'emprisonne mes rêves.

Les Trophées [1893], « La nature et le rêve », Gallimard, « Poésie », 1981.

---

1. **En maraude** : en train de rôder ; ici, prêt(e) à voler, à butiner.
2. **Gaze** : tissu très fin et très léger.
3. **Essaim** : colonie d'insectes.

PAUL VERLAINE

Employé administratif, Paul Verlaine (1844-1896) fréquente les cafés littéraires et accorde tout son temps libre à la poésie. En 1866, il publie son premier recueil, *Poèmes saturniens*, placé sous le signe de Saturne, planète de l'angoisse et de la tristesse. La tonalité mélancolique de ses textes s'exprime notamment à travers les rythmes impairs et les paysages automnaux qu'il décrit.

53. Mon rêve familier

Ce sonnet, au rythme et à la syntaxe inhabituels, est le récit d'un rêve obsédant dans lequel apparaît une femme mystérieuse.

Je fais souvent ce rêve étrange et pénétrant
D'une femme inconnue, et que j'aime, et qui m'aime
Et qui n'est, chaque fois, ni tout à fait la même
Ni tout à fait une autre, et m'aime et me comprend.

Car elle me comprend, et mon cœur, transparent
Pour elle seule, hélas ! cesse d'être un problème
Pour elle seule, et les moiteurs de mon front blême
Elle seule les sait rafraîchir, en pleurant.

Est-elle brune, blonde ou rousse ? – Je l'ignore.
Son nom ? Je me souviens qu'il est doux et sonore
Comme ceux des aimés que la Vie exila.

Son regard est pareil au regard des statues,
Et, pour sa voix, lointaine, et calme, et grave, elle a
L'inflexion[1] des voix chères qui se sont tues.

Poèmes Saturniens [1866] in *Poèmes saturniens* et *Fêtes galantes*,
Belin-Gallimard, « Classico », 2013.

1. **Inflexion** : intonation.

54. Soleils couchants

Ce poème au refrain lancinant décrit un paysage dans lequel se reflètent les états d'âme du poète.

Une aube affaiblie
Verse par les champs
La mélancolie
Des soleils couchants.
La mélancolie
Berce de doux chants
Mon cœur qui s'oublie
Aux soleils couchants.
Et d'étranges rêves,
Comme des soleils
Couchants sur les grèves,
Fantômes vermeils,
Défilent sans trêves,
Défilent, pareils
À des grands soleils
Couchants sur les grèves.

Poèmes Saturniens [1866] in *Poèmes saturniens* et *Fêtes galantes*, Belin-Gallimard, « Classico », 2013.

55. Kaléidoscope[1]

En 1885, Verlaine réunit des poèmes déjà publiés dans le recueil *Jadis et Naguère*. Dans le poème qui suit, les images mobiles du kaléidoscope abolissent les frontières du futur et du passé, du rêve et de la réalité. Cette confusion rend compte de l'état de vertige qui envahit alors le poète.

À Germain Nouveau[2].

Dans une rue, au cœur d'une ville de rêve,
Ce sera comme quand on a déjà vécu :
Un instant à la fois très vague et très aigu…
Ô ce soleil parmi la brume qui se lève !

Ô ce cri sur la mer, cette voix dans les bois !
Ce sera comme quand on ignore des causes :
Un lent réveil après bien des métempsychoses :
Les choses seront plus les mêmes qu'autrefois

Dans cette rue, au cœur de la ville magique
Où des orgues moudront des gigues[3] dans les soirs,
Où les cafés auront des chats sur les dressoirs[4],
Et que traverseront des bandes de musique.

Ce sera si fatal qu'on en croira mourir :
Des larmes ruisselant douces le long des joues,
Des rires sanglotés dans le fracas des roues,
Des invocations[5] à la mort de venir,

---

1. **Kaléidoscope** : instrument qui, par un jeu de miroirs, produit des formes et des couleurs variées.
2. **Germain Nouveau** (1851-1920) : poète qui se lia d'amitié avec Rimbaud et Verlaine.
3. **Gigues** : instruments de musique à cordes (sens propre) ; filles grandes et maigres (figuré et familier).
4. **Dressoirs** : buffets.
5. **Invocations** : prières.

Des mots anciens comme un bouquet de fleurs fanées !
Les bruits aigres des bals publics arriveront,
Et des veuves avec du cuivre après leur front,
Paysannes, fendront la foule des traînées

Qui flânent là, causant avec d'affreux moutards[1]
Et des vieux sans sourcils que la dartre enfarine[2],
Cependant qu'à deux pas, dans des senteurs d'urine,
Quelque fête publique enverra des pétards.

Ce sera comme quand on rêve et qu'on s'éveille !
Et que l'on se rendort et que l'on rêve encor
De la même féerie et du même décor,
L'été, dans l'herbe, au bruit moiré d'un vol d'abeille.

Jadis et Naguère [1885] in *La Bonne Chanson, Jadis et Naguère, Parallèlement*, Gallimard, « Poésie », 1979.

---

1. Moutards : enfants (familier).
2. Dartre : maladie de la peau qui se manifeste par des rougeurs et des démangeaisons ; **enfarine** : recouvre le visage (péjoratif).

TRISTAN CORBIÈRE

Les poèmes de Tristan Corbière (1845-1875) ne sont découverts que plusieurs années après sa mort, notamment grâce à Verlaine. Le recueil des *Amours jaunes* (1873) réunit des poèmes souvent provocants et sarcastiques.

56. La pipe au poète

Le poème suivant repose sur le thème des paradis artificiels, cher aux poètes du XIXe siècle. Corbière cède ici la parole à sa pipe. L'objet commente alors les rêves du poète sur un ton qui témoigne du goût de Corbière pour l'autodérision.

Je suis la Pipe d'un poète[1],
Sa nourrice, et: j'endors *sa Bête.*

Quand ses chimères éborgnées
Viennent se heurter à son front,
Je fume… Et lui, dans son plafond,
Ne peut plus voir les araignées.

… Je lui fais un ciel, des nuages,
La mer, le désert, des mirages;
– Il laisse errer là son œil mort…

Et, quand lourde devient la nue[2],
Il croit voir une ombre connue,
– Et je sens mon tuyau qu'il mord…

1. Allusion probable au poème de Charles Baudelaire paru dans *Les Fleurs du mal*, « La pipe », qui commence par ce vers: « Je suis la pipe d'un auteur ».
2. **Nue**: nuage (vieilli).

– Un autre tourbillon délie
Son âme, son carcan[1], sa vie !
… Et je me sens m'éteindre. – Il dort –

………………………………………………

– Dors encor : la Bête est calmée,
File ton rêve jusqu'au bout…
Mon Pauvre !… la fumée est tout.
– S'il est vrai que tout est fumée…

Paris. – Janvier.

Les Amours jaunes [1873] in *Les Amours jaunes* suivi de *Poèmes retrouvés* et de *Œuvres en prose*, Gallimard, « Poésie », 1973.

1. **Carcan** : joug, contrainte qui entrave la liberté.

LAUTRÉAMONT

Le comte de Lautréamont (1846-1870), de son vrai nom Isidore Ducasse, publie en 1869 *Les Chants de Maldoror* et meurt un an plus tard. Dans ces poèmes en prose pleins d'ironie, le personnage maléfique de Maldoror invite le lecteur à découvrir ce qu'il nomme « les délices de la cruauté ».

57. Les Chants de Maldoror (extrait)

Appartenant au cinquième chant du recueil, l'épisode retenu ici présente une araignée, dont le lecteur ne sait exactement si elle est réelle ou rêvée. Le dédoublement du narrateur et son apparente insensibilité rendent le passage particulièrement déconcertant.

« Chaque nuit, à l'heure où le sommeil est parvenu à son plus grand degré d'intensité, une vieille araignée de la grande espèce sort lentement sa tête d'un trou placé sur le sol, à l'une des intersections des angles de la chambre. Elle écoute attentivement si quelque bruissement remue encore ses mandibules[1] dans l'atmosphère. Vu sa conformation[2] d'insecte, elle ne peut pas faire moins, si elle prétend augmenter de brillantes personnifications les trésors de la littérature, que d'attribuer des mandibules au bruissement. Quand elle s'est assurée que le silence règne aux alentours, elle retire successivement, des profondeurs de son nid, sans le secours de la méditation, les diverses parties de son corps, et s'avance à pas comptés vers ma couche. Chose remarquable ! moi qui fais reculer le sommeil et les cauchemars, je me sens paralysé dans la totalité de mon corps, quand elle grimpe le long des pieds d'ébène de mon lit de satin. Elle m'étreint la gorge avec les pattes, et me suce le sang avec son ventre. Tout simplement ! Combien de litres d'une liqueur pourprée[3], dont vous n'ignorez pas le nom, n'a-t-elle pas bus, depuis qu'elle accomplit le même manège

---

1. **Mandibules** : mâchoires.
2. **Conformation** : manière dont sont organisées les différentes parties du corps.
3. **Pourprée** : rouge.

avec une persistance digne d'une meilleure cause ! Je ne sais pas ce que je lui ai fait, pour qu'elle se conduise de la sorte à mon égard. Lui ai-je broyé une patte par inattention ? Lui ai-je enlevé ses petits ? Ces deux hypothèses, sujettes à caution[1], ne sont pas capables de soutenir un sérieux examen ; elles n'ont même pas de la peine à provoquer un haussement dans mes épaules et un sourire sur mes lèvres, quoique l'on ne doive se moquer de personne. Prends garde à toi, tarentule[2] noire ; si ta conduite n'a pas pour excuse un irréfutable syllogisme[3], une nuit je me réveillerai en sursaut, par un dernier effort de ma volonté agonisante, je romprai le charme avec lequel tu retiens mes membres dans l'immobilité, et je t'écraserai entre les os de mes doigts, comme un morceau de matière mollasse. Cependant, je me rappelle vaguement que je t'ai donné la permission de laisser tes pattes grimper sur l'éclosion de la poitrine, et de là jusqu'à la peau qui recouvre mon visage ; que par conséquent, je n'ai pas le droit de te contraindre. Oh ! qui démêlera mes souvenirs confus ! Je lui donne pour récompense ce qui reste de mon sang : en comptant la dernière goutte inclusivement, il y en a pour remplir au moins la moitié d'une coupe d'orgie. » Il parle, et il ne cesse de se déshabiller. Il appuie une jambe sur le matelas, et de l'autre, pressant le parquet de saphir afin de s'enlever, il se trouve étendu dans une position horizontale. Il a résolu de ne pas fermer les yeux, afin d'attendre son ennemi de pied ferme. Mais, chaque fois ne prend-il pas la même résolution, et n'est-elle pas toujours détruite par l'inexplicable image de sa promesse fatale ? Il ne dit plus rien, et se résigne avec douleur ; car, pour lui le serment est sacré. Il s'enveloppe majestueusement dans les replis de la soie, dédaigne d'entrelacer les glands[4] d'or de ses rideaux, et, appuyant les boucles ondulées de ses longs cheveux noirs sur les franges du coussin de velours, il tâte, avec la main, la large blessure de son cou, dans laquelle la tarentule a pris l'habitude

1. **Sujettes à caution** : douteuses, dont la vérité n'est pas établie.
2. **Tarentule** : araignée.
3. **Irréfutable syllogisme** : raisonnement qu'on ne peut pas remettre en cause.
4. **Glands** : ornements de passementerie ayant la forme d'un gland et souvent terminés par des fils pendants.

de se loger, comme dans un deuxième nid, tandis que son visage respire la satisfaction. Il espère que cette nuit actuelle (espérez avec lui !) verra la dernière représentation de la succion immense ; car, son unique vœu serait que le bourreau en finît avec son existence : la mort, et il sera content. Regardez cette vieille araignée de la grande espèce, qui sort lentement sa tête d'un trou placé sur le sol, à l'une des intersections des angles de la chambre. Nous ne sommes plus dans la narration. Elle écoute attentivement si quelque bruissement remue encore ses mandibules dans l'atmosphère. Hélas ! nous sommes maintenant arrivés dans le réel, quant à ce qui regarde la tarentule, et, quoique l'on pourrait mettre un point d'exclamation à la fin de chaque phrase, ce n'est peut-être pas une raison pour s'en dispenser !

Les Chants de Maldoror [1869], chant v, in *Œuvres complètes*, Gallimard, « Poésie », 1973.

ARTHUR RIMBAUD

Arthur Rimbaud (1854-1891) incarne la figure du poète libre. À seize ans, il s'ennuie dans ses Ardennes natales et fugue à deux reprises. Soutenu dans son entreprise poétique par son professeur Georges Izambard, il se réfugie quelques jours à Douai où il écrit les poèmes qui seront réunis dans le *Cahier de Douai* paru en 1870. L'année suivante, il rencontre Verlaine avec lequel il entretiendra une liaison tumultueuse.

58. Rêvé pour l'hiver

Dans ce poème, qui joue avec les codes du sonnet, le jeune poète s'amuse à rêver d'un voyage en train, synonyme pour lui d'un transport amoureux qui pourrait occasionner un rapprochement des corps.

À... Elle.

L'hiver, nous irons dans un petit wagon rose
Avec des coussins bleus.
Nous serons bien. Un nid de baisers fous repose
Dans chaque coin moelleux.

Tu fermeras l'œil, pour ne point voir, par la glace,
Grimacer les ombres des soirs,
Ces monstruosités hargneuses[1], populace
De démons noirs et de loups noirs.

Puis tu te sentiras la joue égratignée...
Un petit baiser, comme une folle araignée,
Te courra par le cou...

1. **Hargneuses** : agressives.

Et tu me diras : « Cherche ! », en inclinant la tête ;
– Et nous prendrons du temps à trouver cette bête
– Qui voyage beaucoup…

En wagon, le 7 octobre 70.

Poésies [1870] in *Œuvres poétiques*, Belin-Gallimard, « Classico », 2011.

59. Ma bohème

Dernier poème des *Cahiers de Douai*, « Ma bohème » a nourri le mythe qui s'est construit autour de la figure de Rimbaud. Le poète s'y peint en jeune vagabond rêveur, épris de rimes et de liberté.

Je m'en allais, les poings dans mes poches crevées ;
Mon paletot[1] aussi devenait idéal ;
J'allais sous le ciel, Muse ! et j'étais ton féal[2] ;
Oh ! là là ! que d'amours splendides j'ai rêvées !

Mon unique culotte[3] avait un large trou.
– Petit-Poucet[4] rêveur, j'égrenais[5] dans ma course
Des rimes. Mon auberge était à la Grande-Ourse[6].
– Mes étoiles au ciel avaient un doux frou-frou

Et je les écoutais, assis au bord des routes,
Ces bons soirs de septembre où je sentais des gouttes
De rosée à mon front, comme un vin de vigueur ;

1. **Paletot** : veste d'homme portée par-dessus les autres vêtements.
2. **Féal** : personne fidèle à son souverain, sujet.
3. **Culotte** : pantalon court.
4. Le petit Poucet est le personnage principal d'un conte de Charles Perrault (1628-1703). Il laisse tomber des cailloux puis des miettes pour retrouver son chemin.
5. **Égrenais** : semais.
6. La Grande-Ourse est une constellation. Cette expression signifie que le poète dort à la belle étoile.

Où, rimant au milieu des ombres fantastiques,
Comme des lyres, je tirais les élastiques
De mes souliers blessés, un pied près de mon cœur !

Poésies [1870] in *Œuvres poétiques*, Belin-Gallimard, « Classico », 2011.

60. Aube

Avec les *Illuminations*, courts poèmes en prose publiés en 1886, Rimbaud expérimente une forme d'écriture poétique nouvelle. Le titre du recueil renvoie aussi bien au mot anglais qui signifie « enluminures », qu'aux visions hallucinées du poète. Dans le poème « Aube », Rimbaud décrit l'éveil de la nature qui coïncide avec la quête amoureuse et poétique d'un enfant.

J'ai embrassé l'aube d'été.

Rien ne bougeait encore au front des palais. L'eau était morte. Les camps d'ombres ne quittaient pas la route du bois. J'ai marché, réveillant les haleines vives et tièdes, et les pierreries regardèrent, et les ailes se levèrent sans bruit.

La première entreprise[1] fut, dans le sentier déjà empli de frais et blêmes éclats, une fleur qui me dit son nom.

Je ris au wasserfall[2] blond qui s'échevela à travers les sapins : à la cime argentée je reconnus la déesse.

Alors je levai un à un les voiles. Dans l'allée, en agitant les bras. Par la plaine, où je l'ai dénoncée au coq. À la grand-ville elle fuyait parmi les clochers et les dômes, et courant comme un mendiant sur les quais de marbre, je la chassais.

En haut de la route, près d'un bois de lauriers, je l'ai entourée avec ses voiles amassés, et j'ai senti un peu son immense corps. L'aube et l'enfant tombèrent au bas du bois.

Au réveil il était midi.

Illuminations [1886] in *Œuvres poétiques*, Belin-Gallimard, « Classico », 2011.

---

1. **La première [à être] entreprise** : la première à qui je m'adressai ou la première conquête.
2. **Wasserfall** : mot allemand qui désigne une chute d'eau, une cascade.

ÉMILE VERHAEREN

Émile Verhaeren (1855-1916) a d'abord célébré son pays natal, la Belgique, dans son recueil *Les Flamandes* (1884), avant de décrire les transformations du monde qui l'entoure, le déclin des campagnes et la naissance des villes modernes. Poète des nouveaux paysages industriels, notamment avec *Les Campagnes hallucinées* (1893) et *Les Villes tentaculaires* (1895), il souhaite, à travers ses textes, révéler la beauté poétique du monde moderne.

61. La ville

Dans ce long poème en vers libres, Verhaeren décrit une ville fantasmée, monstrueuse et tentaculaire, qui domine la campagne environnante.

Tous les chemins vont vers la ville.

Du fond des brumes,
Avec tous ses étages en voyage
Jusques au ciel, vers de plus hauts étages,
Comme d'un rêve, elle s'exhume[1].

Là-bas,
Ce sont des ponts musclés de fer,
Lancés, par bonds, à travers l'air;
Ce sont des blocs et des colonnes
Que décorent Sphinx et Gorgones[2];
Ce sont des tours sur des faubourgs;
Ce sont des millions de toits

---

1. **S'exhume**: se dévoile.
2. **Sphinx**: dans la mythologie grecque, monstres fabuleux à tête et buste de femme, à corps de lion et ailes d'aigle, qui dévorent tous ceux qui ne parviennent pas à résoudre les énigmes qu'ils leur soumettent; **Gorgones**: dans la mythologie grecque, personnages féminins fabuleux, qui se caractérisent par des ailes d'aigle, des défenses de sanglier et une chevelure de serpents. Elles ont le pouvoir de pétrifier d'un seul regard quiconque les fixe dans les yeux.

Dressant au ciel leurs angles droits :
C'est la ville tentaculaire,
Debout,
Au bout des plaines et des domaines.

Des clartés rouges
Qui bougent
Sur des poteaux et des grands mâts,
Même à midi, brûlent encor
Comme des œufs de pourpre et d'or ;
Le haut soleil ne se voit pas :
Bouche de lumière, fermée
Par le charbon et la fumée.

Un fleuve de naphte et de poix[1]
Bat les môles[2] de pierre et les pontons de bois ;
Les sifflets crus des navires qui passent
Hurlent de peur dans le brouillard ;
Un fanal[3] vert est leur regard
Vers l'océan et les espaces.

Des quais sonnent aux chocs de lourds fourgons ;
Des tombereaux[4] grincent comme des gonds ;
Des balances de fer font choir[5] des cubes d'ombre
Et les glissent soudain en des sous-sols de feu ;
Des ponts s'ouvrant par le milieu,
Entre les mâts touffus dressent des gibets sombres
Et des lettres de cuivre inscrivent l'univers,
Immensément, par à travers

---

1. **Naphte** : substance chimique obtenue par la distillation d'hydrocarbures comme le pétrole ; **poix** : matière collante et visqueuse à base de résine et de goudron.
2. **Môles** : digues, pontons à l'entrée du port qui protègent des vagues trop fortes.
3. **Fanal** : lanterne, lumière.
4. **Tombereaux** : caisses montées sur deux roues servant à transporter des matériaux et qu'on décharge en les faisant basculer.
5. **Choir** : tomber.

Les toits, les corniches et les murailles,
Face à face, comme en bataille.

Et tout là-bas, passent chevaux et roues,
Filent les trains, vole l'effort,
Jusqu'aux gares, dressant, telles des proues
Immobiles, de mille en mille, un fronton d'or.
Des rails ramifiés[1] y descendent sous terre
Comme en des puits et des cratères
Pour reparaître au loin en réseaux clairs d'éclairs
Dans le vacarme et la poussière.
C'est la ville tentaculaire.

La rue – et ses remous comme des câbles
Noués autour des monuments –
Fuit et revient en longs enlacements;
Et ses foules inextricables[2],
Les mains folles, les pas fiévreux,
La haine aux yeux,
Happent des dents le temps qui les devance.
À l'aube, au soir, la nuit,
Dans la hâte, le tumulte, le bruit,
Elles jettent vers le hasard l'âpre semence
De leur labeur que l'heure emporte.
Et les comptoirs mornes et noirs
Et les bureaux louches et faux
Et les banques battent des portes
Aux coups de vent de la démence[3].

1. **Ramifiés**: qui se subdivisent, comme les ramifications d'un arbre.
2. **Inextricables**: que l'on ne peut dénouer, démêler (sens propre); que l'on ne peut différencier, dont on ne peut s'extirper (sens figuré).
3. **Démence**: folie.

Le long du fleuve, une lumière ouatée[1],
Trouble et lourde, comme un haillon[2] qui brûle,
De réverbère en réverbère se recule.
La vie avec des flots d'alcool est fermentée.
Les bars ouvrent sur les trottoirs
Leurs tabernacles de miroirs
Où se mirent l'ivresse et la bataille;
Une aveugle s'appuie à la muraille
Et vend de la lumière, en des boîtes d'un sou;
La débauche[3] et le vol s'accouplent en leur trou;
La brume immense et rousse
Parfois jusqu'à la mer recule et se retrousse
Et c'est alors comme un grand cri jeté
Vers le soleil et sa clarté:
Places, bazars, gares, marchés,
Exaspèrent si fort leur vaste turbulence
Que les mourants cherchent en vain le moment de silence
Qu'il faut aux yeux pour se fermer.

Telle, le jour – pourtant, lorsque les soirs
Sculptent le firmament, de leurs marteaux d'ébène,
La ville au loin s'étale et domine la plaine
Comme un nocturne et colossal espoir;
Elle surgit: désir, splendeur, hantise;
Sa clarté se projette en lueurs jusqu'aux cieux,
Son gaz myriadaire[4] en buissons d'or s'attise,
Ses rails sont des chemins audacieux
Vers le bonheur fallacieux[5]

---

1. **Ouatée**: atténuée, douce.
2. **Haillon**: vieux tissu.
3. **Débauche**: excès des plaisirs, notamment sexuels.
4. **Myriadaire**: composé d'une multitude d'éléments.
5. **Fallacieux**: trompeur, mensonger.

Que la fortune et la force accompagnent;
Ses murs se dessinent pareils à une armée
Et ce qui vient d'elle encor de brume et de fumée
Arrive en appels clairs vers les campagnes.

C'est la ville tentaculaire,
La pieuvre ardente et l'ossuaire[1]
Et la carcasse solennelle.

Et les chemins d'ici s'en vont à l'infini
Vers elle.

Les Campagnes hallucinées [1893] in *Les Campagnes hallucinées* suivi de *Les Villes tentaculaires*, Gallimard, « Poésie », 1982.

1. **Ossuaire**: lieu où sont entreposés les ossements humains.

ALBERT SAMAIN

Albert Samain (1858-1900) rencontre un certain succès avec son premier recueil, *Au jardin de l'infante*, paru en 1893. Dans ses textes se lisent une mélancolie désenchantée et un goût pour les harmonies et les nuances musicales. Cette sensualité s'exprime aussi dans ses *Contes*, parus après sa mort en 1902, et le drame lyrique *Polyphème* mis en musique en 1922.

62. «Je rêve de vers doux…»

Dans ce poème, Samain fait part de son idéal poétique, celui d'une langue unique, douce et harmonieuse, et rend également hommage aux poètes qu'il admire.

Je rêve de vers doux et d'intimes ramages[1],
De vers à frôler l'âme ainsi que des plumages,

De vers blonds où le sens fluide se délie,
Comme sous l'eau la chevelure d'Ophélie[2],

De vers silencieux, et sans rythme et sans trame[3],
Où la rime sans bruit glisse comme une rame,

De vers d'une ancienne étoffe, exténuée,
Impalpable comme le son et la nuée,

De vers de soirs d'automne ensorcelant les heures
Au rite féminin des syllabes mineures,

---

1. **Ramages**: chants d'oiseau. Allusion probable à la fable de La Fontaine «Le Corbeau et le Renard».
2. Allusion probable au poème de Rimbaud, «Ophélie», inspiré du personnage de la tragédie de William Shakespeare (1564-1616), *Hamlet*, qui est retrouvée morte noyée.
3. **Trame**: structure.

De vers de soirs d'amour énervés de verveine,
Où l'âme sente, exquise, une caresse à peine,

Et qui, au long des nerfs baignés d'ondes[1] câlines,
Meurent à l'infini en pâmoisons félines,

Comme un parfum dissous parmi les tiédeurs closes,
Violes d'or, et *pianissim'amorose*[2]...

Je rêve de vers doux mourant comme des roses.

Au jardin de l'infante [1893], Mercure de France, « Poésie », 1893.

1. **Ondes** : légers mouvements de l'eau, ondulations.
2. **Violes** : instruments à cordes, ancêtres du violoncelle ; ***pianissim'amorose*** : terme de musique indiquant de jouer un morceau doucement et avec passion.

JULES LAFORGUE

Très jeune, Jules Laforgue (1860-1887) fréquente les milieux littéraires et se lie d'amitié avec Charles Cros. Il meurt à vingt-sept ans de la tuberculose, peu après la parution de ses *Complaintes* (1885) et de *L'Imitation de Notre-Dame la Lune* (1886). Dans ses poèmes, il dissimule souvent sa douleur et ses émotions sous un ton enjoué ou ironique.

63. Éclair de gouffre

Œuvre de jeunesse reniée par Laforgue, *Le Sanglot de la Terre* (1880) comprend des songes poétiques qui sont autant d'interrogations graves sur lui-même et sur le monde qui l'entoure. Le texte suivant peut ainsi se lire comme une hallucination par laquelle le poète cherche à percer l'énigme de l'univers, de l'existence et du néant.

J'étais sur une tour au milieu des étoiles.

Soudain, coup de vertige ! Un éclair où, sans voiles,
je sondais[1], grelottant d'effarement, de peur,
l'énigme du Cosmos[2] dans toute sa stupeur !
Tout est-il seul ? Où suis-je ? Où va ce bloc qui roule
et m'emporte ? – Et je puis mourir ! Mourir ! Partir,
sans rien savoir ! Parlez ! Ô rage ! Et le temps coule
sans retour ! Arrêtez, arrêtez ! Et jouir ?
Car j'ignore tout, moi ! Mon heure est là peut-être ?
Je ne sais pas ! J'étais dans la nuit, puis je nais,
pourquoi ? D'où l'univers ? Où va-t-il ? Car le prêtre
n'est qu'un homme. On ne sait rien ! Montre-toi, parais ;

1. **Sondais** : cherchais à mesurer la profondeur, explorais.
2. **Cosmos** : univers.

Dieu, témoin éternel ! Parle, pourquoi la vie ?
Tout se tait ! Oh ! L'espace est sans cœur ! Un moment !
Astres ! Je ne veux pas mourir ! J'ai du génie !
Ah ! Redevenir rien irrévocablement[1] !

Le Sanglot de la terre [1880] in *Le Sanglot de la terre*, suivi de *Le Concile féérique*, L'Escalier, 2010.

1. **Irrévocablement** : définitivement, à jamais.

MAURICE MAETERLINCK

À ses débuts, Maurice Maeterlinck (1862-1949) publie deux recueils dans lesquels s'exprime une profonde mélancolie, *Les Serres chaudes* (1889) et *Quinze Chansons* (1896). Dans toute son œuvre (poésie, théâtre, essais) il pose la question du rapport au temps et à la mort.

64. Serre d'ennui

L'originalité du recueil *Serres chaudes*, dont est extrait le poème suivant, repose sur le caractère étrange des images et des analogies. « Serre d'ennui » semble proposer, à travers le thème de l'isolement, une fuite hors du monde et un repli sur soi.

Ô cet ennui bleu dans le cœur !
Avec la vision meilleure,
Dans le clair de lune qui pleure,
De mes rêves bleus de langueur !

Cet ennui bleu comme la serre[1],
Où l'on voit closes à travers
Les vitrages profonds et verts,
Couvertes de lune et de verre,

Les grandes végétations
Dont l'oubli nocturne s'allonge,
Immobilement comme un songe,
Sur les roses des passions ;

1. **Serre** : construction en verre, parfois chauffée, sous laquelle on fait pousser des plantes exotiques.

Où de l'eau très lente s'élève,
En mêlant la lune et le ciel
En un sanglot glauque[1] éternel,
Monotonement comme un rêve.

Serres chaudes [1889] in *Serres chaudes* suivi de *Quinze chansons* et *La Princesse Maleine*, Gallimard, « Poésie », 1983.

1. **Glauque** : d'un vert blanchâtre (sens propre) ; sinistre, sordide (sens figuré).

FRANCIS JAMMES

À vingt ans, Francis Jammes (1868-1938) écrit ses premiers poèmes. Dès son recueil *De l'Angélus de l'aube à l'angélus du soir*, paru en 1898, il fait le choix de la simplicité pour décrire une existence humble ou des souvenirs familiers. Au fil de son œuvre poétique et romanesque, il développe ses thèmes de prédilection: la nature, l'enfance, l'amour, l'exotisme et la mort.

65. « Aujourd'hui, le long de la nuit transparente... »

Ce poème en vers libres fait revivre quelques bribes d'un passé fantasmé, peut-être inspiré de la grand-mère guadeloupéenne de Jammes.

À Tristan Klingsor[1].

Aujourd'hui, le long de la nuit transparente
des sentiers froids, sous la chaleur terrible,
j'ai bien senti qu'en une autre existence
j'ai vécu dans les Petites Antilles[2].

Une impression de grands calices[3] blancs
aux pistils[4] noirs, et de grande tristesse...
Un cimetière aux colibris[5] volant
sur des tabacs frais dans la sécheresse.

1. **Tristan Klingsor** (1874-1966): poète français, critique d'art, peintre et musicien.
2. **Petites Antilles**: archipel situé entre l'océan Atlantique et la mer des Antilles qui compte notamment les îles de Guadeloupe et de Martinique.
3. **Calices**: enveloppes qui protègent la corolle d'une fleur.
4. **Pistils**: organes reproducteurs d'une plante.
5. **Colibris**: oiseaux colorés de très petite taille, vivant dans les régions tropicales.

La forêt à laquelle j'ai songé
avait les mêmes filtrations faibles
de lumière, le même sommeil des herbes,
et des cris bleus pareils à ceux des geais[1].

Que ne puis-je partir ? Vous m'attendez,
je le sais, rouges fleurs qui éclatent…
Je crois entendre. Mais est-ce que j'ai rêvé ?
Voici des enfants qui prennent des crabes ?…

Ces crabes sont bleus ? L'océan. Un point.
C'est un aviso[2] annoncé. Le Saint-
Jérôme. Il vient du Havre[3]… Oh ! Comme il est loin !
Son hunier[4] ?… L'enfant, donnez-lui la main.

Vous attendez quelqu'un ? – Oui… Delonelle.
C'est le neveu de Madame Physica…
L'Océan bruit comme un harmonica[5]
et se déchire comme un flot de dentelles.

De l'Angélus de l'aube à l'angélus du soir [1898],
Gallimard, « Poésie », 1971.

1. **Geais** : oiseaux au plumage d'un bleu vif.
2. **Aviso** : petit navire de guerre.
3. **Le Havre** : port français situé en Normandie.
4. **Hunier** : voilure, ensemble des voiles.
5. **Harmonica** : instrument de musique à vent, qui produit des sons vibrants.

Arrêt sur lecture 2

Pour comprendre l'essentiel

De la vie réelle à la vie rêvée

❶ Une musique, une odeur, le spectacle de la nature ou l'atmosphère d'un lieu peuvent parfois faire basculer le poète de la vie réelle à la vie rêvée. Montrez-le dans les textes 34, 38, 44, 47 et 54.

❷ Dans d'autres textes, le poète semble appeler le rêve de ses vœux. Observez, notamment dans les poèmes 32, 55 et 58, les modes et les temps verbaux, ainsi que les procédés stylistiques employés pour provoquer le rêve et définir au préalable son contenu.

❸ Le rêve est souvent présenté comme un moyen d'évasion. Montrez d'abord que Mallarmé, (texte 50), Corbière (texte 56) et Maeterlinck (texte 64) portent un regard pessimiste sur le monde qui les entoure. Dites ensuite par quels moyens le poète parvient à s'en échapper en vous appuyant sur les textes 45, 50, 52 et 65.

Des récits de rêves

❹ Dans cette partie de l'anthologie, de nombreux poèmes épousent la structure d'un récit. Repérez-les et distinguez ceux qui présentent une histoire d'amour de ceux qui racontent un cauchemar.

❺ Dans le rêve, le poète met en scène des lieux ou des personnages caractéristiques du conte. Mettez-les en évidence, en vous attachant aux textes 34, 40, 51, 59 et 60, et dites l'effet produit sur le lecteur.

❻ Les rêves des poètes sont parfois illogiques et le lecteur peut alors se demander si le rêveur ne sombre pas dans la folie. Développez cette idée en analysant précisément les incohérences et les aspects déroutants des textes 40, 43, 57, 61 et 63.

Le poète : un rêveur créatif

❼ Hugo (texte 34) et Baudelaire (texte 46) se présentent en peintre ou en architecte, bâtisseurs de mondes imaginaires. Commentez cette image, et montrez comment elle se développe tout au long des deux poèmes en vous appuyant sur les métaphores et les comparaisons employées.

❽ Même dans le rêve, le poète reste préoccupé par son projet poétique. Démontrez-le en vous appuyant sur les textes 50, 54 et 59.

❾ L'expression du rêve en poésie semble être l'occasion d'expérimenter un nouveau langage. Observez comment Hugo (texte 35), Rimbaud (texte 59) et Samain (texte 62) émettent l'idée que le poète détient un langage secret ou, du moins, qu'il cherche à créer un langage singulier.

Rappelez-vous !

• L'**emploi du verbe « rêver » dans son sens moderne**, « faire des rêves en dormant », ne devient fréquent qu'à la **fin du XVIIIe siècle**. Auparavant, on employait le verbe « songer » car le verbe « rêver » avait le sens de **« délirer »** ou **« vagabonder »**. Au XIXe siècle, les rêves relatés dans les poèmes reflètent souvent les **désirs**, les **angoisses** et les **troubles** du sujet représenté.

• Dans la lignée de Charles Baudelaire, les **poètes symbolistes** cherchent à suggérer les **mystères du monde et de l'âme humaine**. Ils accordent ainsi une place importante au rêve. Les poètes recréent souvent, dans leurs textes, une **atmosphère onirique** en recourant à des **symboles**, des **métaphores**, des **analogies** ou des **effets musicaux**.

Vers l'oral du Bac

Analyse du poème « Mon rêve familier » de Verlaine, p. 124

☛ Expliquer l'ambiguïté de ce rêve et le charme de ce sonnet

Conseils pour la lecture à voix haute

– Veillez à respecter l'alexandrin en prononçant les e muets pour faire entendre les douze syllabes (ex. « Est-elle brune, blonde ou rousse ? Je l'ignore », v. 9) et la diérèse (« L'inflexi-on », v. 14).

– Repérez tous les types d'enjambements, présents dans toutes les strophes, de manière à respecter la cohérence grammaticale (ex. « elle a / L'inflexion des voix chères qui se sont tues », v. 13-14).

– Montrez que vous êtes sensible à la musicalité du sonnet en faisant entendre les assonances et les allitérations (ex. « Je fais souvent ce rêve étrange et pénétrant », v. 1).

Analyse du texte

■ *Introduction rédigée*

En 1866, Paul Verlaine participe à une revue littéraire, le *Parnasse contemporain*, et publie son premier recueil, *Poèmes Saturniens*, placé sous l'influence de Saturne, planète de la mélancolie. « Mon rêve familier », sonnet situé dans la première partie du recueil intitulée « Melancholia », décrit vaguement une femme rêvée, seule capable d'apaiser les souffrances du poète. Nous analyserons ici l'ambiguïté de ce rêve étrange et le charme exercé par ce sonnet. En effet, si la femme du rêve semble apparemment idéale, la musicalité du sonnet, aux effets de reprises et d'échos obsédants, et parfois dérangeants, laisse entendre une profonde mélancolie.

Analyse guidée

I. La femme aimée : une créature de rêve ?

a. La femme évoquée dans le rêve apparaît comme le seul être capable d'aimer et de comprendre le poète. Justifiez-le en relevant les qualités morales qui lui sont attribuées et commentez la répétition en début de vers (anaphore) dans le second quatrain.

b. La femme dont rêve le poète lui échappe cependant. Montrez qu'elle semble insaisissable, voire irréelle, en vous appuyant sur l'adjectif qui la caractérise au vers 2 et sur l'analyse des figures de style employées par le poète pour tenter de la définir (v. 3-4 et v. 11-12).

c. Dans les tercets, le poète semble vouloir reconstruire l'image de la femme aimée. Observez comment il tente, méthodiquement, de raviver le moindre de ses souvenirs en vous interrogeant sur l'emploi des questions rhétoriques (v. 9-10).

II. La musique du poème : entre harmonie et désaccords

a. « Mon rêve familier » semble s'apparenter à une formule que le poète se récite pour ne pas oublier le rêve de la nuit passée. Montrez comment la musicalité du poème renforce sa dimension envoûtante. Vous serez notamment attentif (-ve) à l'harmonie des sonorités (allitérations et assonances, rimes internes, homonymie de la rime vers 3 et 4), ainsi qu'aux rythmes binaires et ternaires.

b. En dépit de cette harmonie musicale, des dissonances se font entendre. Mettez-les en évidence et interprétez-les en observant la syntaxe du poème. Vous pourrez vous appuyer sur les rejets, les contre-rejets, les coupes et l'emploi de la ponctuation.

c. Dans ces vers, le poète ne se contente ni de célébrer la femme, ni de déplorer explicitement leur séparation. Expliquez comment la situation d'énonciation, proche du dialogue intérieur, suggère plutôt une union impossible.

III. Le rêve du poète : un rêve saturnien et obsédant

a. Le caractère obsédant du rêve est évoqué dès le titre. Analysez comment le ressassement est suggéré par l'emploi du présent, les compléments circonstanciels de temps et les nombreuses répétitions.

b. Même rêvé, l'amour n'échappe pas à l'emprise de la mélancolie et de la souffrance. Étudiez l'expression de la plainte et de la douleur dans le poème en montrant que la femme aimée est évoquée sur un ton élégiaque.

c. Le dernier vers constitue une véritable chute, qui marque à la fois la fin du poème et la fin du rêve. Analysez l'effet d'attente ménagé par le poète en vous attachant tout particulièrement à la diérèse, puis à la portée saisissante du mot final.

■ *Conclusion rédigée*

Si ce sonnet peut d'abord se lire comme un éloge de la femme aimée, le caractère flou et indéterminé du souvenir impose au poète un effort de mémoire qui rend le rêve de plus en plus obsédant. Hanté par ce qui lui échappe, le poète apparaît ainsi tourmenté par l'impossibilité d'un amour disparu ou illusoire. La mélodie harmonieuse du poème, ponctuée toutefois de dissonances, traduit l'ambiguïté de ce rêve, partagé entre un espoir de réciprocité et la conscience d'une mélancolie inévitable.

Les trois questions de l'examinateur

Question 1. Les poèmes d'Aloysius Bertrand (texte 37), de Baudelaire (texte 47), de Lautréamont (texte 57) et de Rimbaud (texte 60) sont rédigés en prose. Définissez les caractéristiques de la poésie en prose, puis choisissez l'un de ces textes et analysez sa dimension poétique.

Question 2. Observez le tableau d'Odilon Redon reproduit au verso de la couverture, en début d'ouvrage. Dites comment le peintre utilise le visible et le concret pour représenter l'invisible et l'abstrait.

Question 3. Après le rêve d'union amoureuse, Chénier (texte 32), Lamartine (texte 33) et Cros (texte 49) évoquent un retour au réel, souvent décevant. Comparez les différentes réactions suscitées par la fin du rêve.

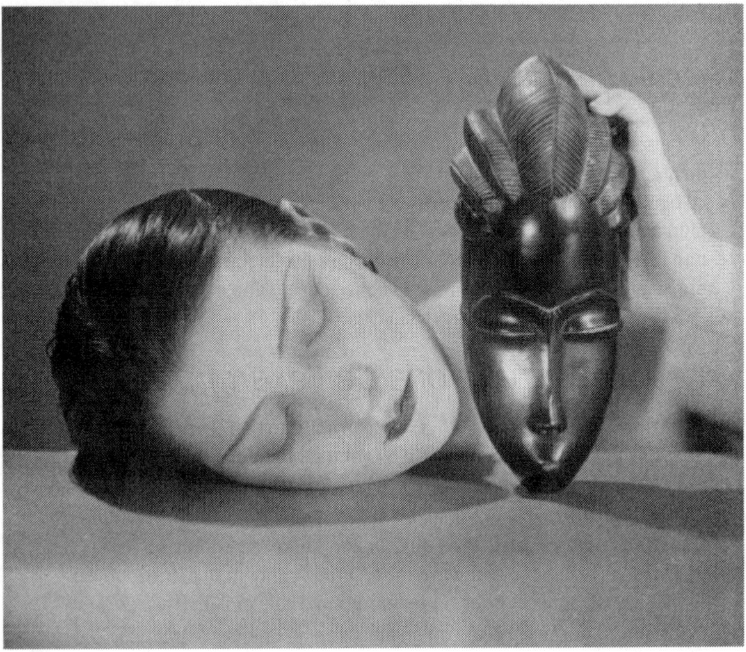

Man Ray, *Noir et Blanche*, photographie, 1926.

POÈMES DU XXe SIÈCLE
À NOS JOURS

PAUL VALÉRY

Homme de lettres, passionné de mathématiques et de philosophie, Paul Valéry (1871-1945) note chaque matin dans ses *Cahiers* ses réflexions sur le monde et sur la société. Refusant pendant près de vingt ans de faire paraître ses poèmes, par souci d'atteindre ce qu'il appelait « la poésie pure », il publie finalement en 1917 *La Jeune Parque* et, trois ans plus tard, il rassemble d'anciens poèmes dans un recueil intitulé *Album de vers anciens* qui connaît un grand succès.

66. La fileuse

Dans le sillage de Mallarmé, Valéry s'attache à travailler les formes et le langage poétiques en multipliant les significations possibles, rendant ainsi son texte, « La fileuse », mobile et ambigu.

Lilia…, neque nent[1].

Assise, la fileuse au bleu de la croisée[2]
Où le jardin mélodieux se dodeline[3];
Le rouet ancien qui ronfle l'a grisée[4].

Lasse, ayant bu l'azur[5], de filer la câline
Chevelure, à ses doigts si faibles évasive,
Elle songe, et sa tête petite s'incline.

Un arbuste et l'air pur font une source vive
Qui, suspendue au jour, délicieuse arrose
De ses pertes de fleurs le jardin de l'oisive[6].

---

1. Citation de l'Évangile selon saint Matthieu : « Les lis [ne travaillent] ni ne filent. »
2. **Croisée** : fenêtre.
3. **Se dodeline** : se balance doucement.
4. **Rouet** : instrument à roue servant à filer la laine ; **grisée** : saoulée, enivrée.
5. **Lasse** : fatiguée ; **azur** : ciel.
6. **Oisive** : celle qui est sans occupation.

Une tige, où le vent vagabond se repose,
Courbe le salut vain de sa grâce étoilée,
Dédiant magnifique, au vieux rouet, sa rose.

Mais la dormeuse file une laine isolée;
Mystérieusement l'ombre frêle se tresse
Au fil de ses doigts longs et qui dorment, filée.

Le songe se dévide[1] avec une paresse
Angélique, et sans cesse, au doux fuseau[2] crédule,
La chevelure ondule au gré de la caresse…

Derrière tant de fleurs, l'azur se dissimule,
Fileuse de feuillage et de lumière ceinte[3]:
Tout le ciel vert se meurt. Le dernier arbre brûle.

Ta sœur, la grande rose où sourit une sainte,
Parfume ton front vague au vent de son haleine
Innocente, et tu crois languir[4]… Tu es éteinte

Au bleu de la croisée où tu filais la laine.

Album de vers anciens [1920] in *Œuvres,* Gallimard, «Poésie», 1966.

---

1. **Se dévide**: se dit d'une bobine dont on déroule le fil.
2. **Fuseau**: bobine pour dérouler le fil.
3. **Ceinte**: entourée.
4. **Languir**: soupirer dans l'attente de quelque chose.

ANNA DE NOAILLES

La comtesse de Noailles (1876-1933) exprime dès ses premiers recueils, comme *Le Cœur innombrable* ou *L'Offrande* (1901), une sensibilité proche de celle des poètes romantiques, en chantant la nature, l'amour et la mélancolie.

67. Les rêves

Dans ce poème de forme classique, Anna de Noailles donne à lire l'ambivalence des rêves aux promesses vaines.

Le visage de ceux qu'on n'aime pas encor
Apparaît quelquefois aux fenêtres des rêves
Et va s'illuminant sur de pâles décors
Dans un argentement[1] de lune qui se lève.

Il flotte du divin aux grâces de leur corps
Leur regard est intense et leur bouche attentive ;
Il semble qu'ils aient vu les jardins de la mort
Et que plus rien en eux de réel ne survive.

La furtive douceur de leur avènement[2]
Enjôle nos désirs à leurs vouloirs[3] propices,
Nous pressentons en eux d'impérieux[4] amants
Venus pour nous afin que le sort s'accomplisse ;

1. **Argentement** : qualité de ce qui a la couleur ou l'éclat de l'argent.
2. **Avènement** : apparition.
3. **Enjôle** : attise, suscite ; **vouloirs** : volontés (littéraire).
4. **Impérieux** : pressants, autoritaires.

Ils ont des gestes lents, doux et silencieux,
Notre vie uniment[1] vers leur attente afflue :
Il semble que les corps s'unissent par les yeux
Et que les âmes sont des pages qu'on a lues.

Le mystère s'exalte aux sourdines[2] des voix,
À l'énigme des yeux, au trouble du sourire,
À la grande pitié qui nous vient quelquefois
De leur regard, qui s'imprécise et se retire…

Ce sont des frôlements dont on ne peut guérir,
Où l'on se sent le cœur trop las pour se défendre,
Où l'âme est triste ainsi qu'au moment de mourir ;
Ce sont des unions lamentables et tendres…

Et ceux-là resteront, quand le rêve aura fui,
Mystérieusement les élus du mensonge,
Ceux à qui nous aurons, dans le secret des nuits,
Offert nos lèvres d'ombre, ouvert nos bras de songe.

L'Offrande [1901], La Différence, « Orphée », 2012.

1. **Uniment** : également.
2. **Sourdines** : dispositifs qui atténuent le son d'un instrument de musique.

GUILLAUME APOLLINAIRE

La jeunesse de Guillaume Apollinaire (1880-1918) se partage entre l'Italie, la Côte d'Azur et la Rhénanie, région d'Allemagne qui lui inspire de nombreux poèmes. La parution en 1913 de son premier recueil, *Alcools*, renouvelle les formes poétiques: vers libres, absence de ponctuation, rupture des rythmes et discontinuité des images apparaissent en effet particulièrement novateurs. Engagé dès le début de la Première Guerre mondiale, Apollinaire est blessé et meurt en 1918 de la grippe espagnole.

68. Palais

Le titre du poème, «Palais», évoque un monde féerique. Pourtant au fil des vers, le rêve, inspiré de l'histoire médiévale de l'Angleterre, fait naître des visions d'horreur.

À Max Jacob[1].

Vers le palais de Rosemonde[2] au fond du Rêve
Mes rêveuses pensées pieds nus vont en soirée
Le palais don du roi comme un roi nu s'élève
Des chairs fouettées des roses de la roseraie

On voit venir au fond du jardin mes pensées
Qui sourient du concert joué par les grenouilles
Elles ont envie des cyprès grandes quenouilles[3]
Et le soleil miroir des roses s'est brisé

---

1. **Max Jacob** (1876-1944): poète qu'Apollinaire avait rencontré en 1904. Il publia en 1916 un recueil de poèmes en prose, *Le Cornet à dés*.
2. **Rosemonde**: maîtresse du roi d'Angleterre Henri II (1133-1189); celui-ci aurait fait édifier pour elle un palais vaste et labyrinthique.
3. **Cyprès**: arbres qui poussent souvent dans les cimetières; **quenouilles**: au sens propre, bâtons sur lesquels sont enroulés de la laine ou du lin destinés à être filés; les formes de l'arbre et de la quenouille sont ici comparées.

Le stigmate[1] sanglant des mains contre les vitres
Quel archer mal blessé du couchant le troua
La résine qui rend amer le vin de Chypre
Ma bouche aux agapes[2] d'agneau blanc l'éprouva

Sur les genoux pointus du monarque adultère
Sur le mai de son âge et sur son trente et un[3]
Madame Rosemonde roule avec mystère
Ses petits yeux tout ronds pareils aux yeux des Huns[4]

Dame de mes pensées au cul de perle fine
Dont ni perle ni cul n'égale l'orient
        Qui donc attendez-vous
De rêveuses pensées en marche à l'Orient
        Mes plus belles voisines

Toc toc Entrez dans l'antichambre le jour baisse
La veilleuse dans l'ombre est un bijou d'or cuit
Pendez vos têtes aux patères[5] par les tresses
Le ciel presque nocturne a des lueurs d'aiguilles

On entra dans la salle à manger les narines
Reniflaient une odeur de graisse et de graillon[6]
On eut vingt potages dont trois couleurs d'urine
Et le roi prit deux œufs pochés dans du bouillon

---

1. Stigmate : cicatrice ; dans la religion catholique, les stigmates désignent les marques sur la peau de Jésus après la crucifixion.

2. Agapes : repas copieux entre amis ; dans la tradition du christianisme, repas que les fidèles prenaient en commun.

3. Sur le mai de son âge : à la fleur de l'âge ; **sur son trente et un** : vêtue élégamment.

4. Huns : population nomade et conquérante d'Asie, dont le représentant le plus célèbre est Attila (Ve siècle ap. J.-C.).

5. Patères : porte-manteaux.

6. Graillon : reste d'un repas dégageant une mauvaise odeur.

Puis les marmitons apportèrent les viandes
Des rôtis de pensées mortes dans mon cerveau
Mes beaux rêves mort-nés en tranches bien saignantes
Et mes souvenirs faisandés en godiveaux[1]

Or ces pensées mortes depuis des millénaires
Avaient le fade goût des grands mammouths gelés
Les os ou songe-creux[2] venaient des ossuaires[3]
En danse macabre aux plis de mon cervelet[4]

Et tous ces mets criaient des choses nonpareilles[5]
        Mais nom de Dieu !
        Ventre affamé n'a pas d'oreilles
Et les convives mastiquaient à qui mieux mieux

Ah ! nom de Dieu ! qu'ont donc crié ces entrecôtes
Ces grands pâtés ces os à moelle et mirotons[6]
Langues de feu où sont-elles mes pentecôtes[7]
Pour mes pensées de tous pays de tous les temps

Alcools [1913], Belin-Gallimard, « Classico », 2009.

69. « Mes amis m'ont enfin avoué leur mépris... »

Ce poème appartient à un cycle du recueil *Alcools* où est évoquée la fin de la relation amoureuse d'Apollinaire avec le peintre Marie Laurencin (1885-1956). Dans le second mouvement proposé ici, le poète avoue sa

---

1. **Faisandés en godiveaux** : transformés en boulettes de viande hachée.
2. **Songe-creux** : homme qui se berce de rêves et d'illusions.
3. **Ossuaires** : lieux où sont entreposés les ossements humains.
4. **Cervelet** : cerveau (péjoratif).
5. **Nonpareilles** : incomparables, qui n'ont pas d'égal.
6. **Mirotons** : ragoûts de viande aux oignons.
7. **Pentecôtes** (au singulier d'ordinaire) : fête juive et chrétienne célébrée cinquante jours après Pâques.

solitude et se plonge dans l'ivresse puis le sommeil. Dans son rêve, ce n'est pas un monde idéal qui se dresse sous ses yeux mais une société de faux-semblants. Le poète renouvelle ainsi le motif du monde renversé.

Mes amis m'ont enfin avoué leur mépris
Je buvais à pleins verres les étoiles
Un ange a exterminé pendant que je dormais
Les agneaux les pasteurs[1] des tristes bergeries
De faux centurions[2] emportaient le vinaigre
Et les gueux mal blessés par l'épurge[3] dansaient
Étoiles de l'éveil je n'en connais aucune
Les becs de gaz[4] pissaient leur flamme au clair de lune
Des croque-morts avec des bocks tintaient des glas[5]
À la clarté des bougies tombaient vaille que vaille
Des faux cols[6] sur des flots de jupes mal brossées
Des accouchées masquées fêtaient leurs relevailles[7]
La ville cette nuit semblait un archipel
Des femmes demandaient l'amour et la dulie[8]
Et sombre sombre fleuve je me rappelle
Les ombres qui passaient n'étaient jamais jolies

Alcools [1913], Belin-Gallimard, « Classico », 2009.

---

1. **Pasteurs**: bergers (littéraire); personnes chargées de guider la spiritualité d'un groupe.
2. **Centurions**: soldats romains.
3. **Épurge**: euphorbe (plante).
4. **Becs de gaz**: réverbères.
5. **Croque-morts**: personnes chargées de transporter les morts au cimetière; **bocks**: verres à bière; **glas**: sons de cloches qui annoncent la mort de quelqu'un.
6. **Faux cols**: cols de chemise amovibles; le poète joue ici sur le sens propre et figuré.
7. **Relevailles**: moments qui marquent la fin de la période pendant laquelle une femme doit rester allongée à la suite d'un accouchement.
8. **Dulie**: culte de vénération rendu aux anges et aux saints.

JULES SUPERVIELLE

Jules Supervielle (1884-1960) est né en Uruguay. Dans ses premières œuvres, comme *Poèmes de l'humour triste* (1919) ou *L'Homme de la pampa* (1925), il évoque son souvenir des grands espaces d'Amérique du Sud et confesse sa peur de l'isolement. Sa poésie au caractère fantaisiste, simple en apparence, dissimule en fait une angoisse profonde.

70. Le milieu de la nuit

À partir de la Seconde Guerre mondiale, Supervielle connaît des ennuis de santé et souffre de nombreuses insomnies. Son écriture prend alors de nouvelles résonances, entre égarement et lucidité. Dans « Le milieu de la nuit », extrait du *Corps tragique*, il décrit une vision qui tient à la fois du rêve et de l'hallucination, et revêt une dimension mystique.

Je vois ma plume au milieu de la nuit
Qui met un peu de lumière autour d'elle.
Mais la vapeur de la locomotive
Entre ces murs de plus en plus rétive[1]
Qui me le dira d'où vient-elle ?
J'ai beau penser *fer, chaudière, charbon,*
Je ne vois pas à quoi je leur suis bon,
Je ne sais plus d'où me viennent ces mots
Ni l'alphabet dont les lettres cessèrent
Si brusquement de m'être familières.
Comme quelqu'un qui a perdu son cœur
Je suis ailleurs jusqu'en mes profondeurs
Et je me sens tellement insolite
Que tout m'est bon à me servir de gîte.
À la merci de contraires sans foi
Je suis partout où s'affirment leurs lois,

1. **Rétive** : impénétrable.

Et cependant la bougie se consume
Et le train file et je suis dans ma chambre.
Les montagnards de mon rêve s'égaillent
Et je me sauve au fond des couvertures.

Le Corps tragique [1959], Gallimard, « Blanche », 1959.

BLAISE CENDRARS

La vie de Blaise Cendrars (1887-1961), de son vrai nom Frédéric Sauser, est marquée par de nombreux voyages, par de multiples rencontres avec les artistes de son temps et par l'expérience de divers métiers. Blessé sur le front en 1914, il est amputé d'un bras. Poèmes, romans, films, pièces radiophoniques, documentaires... l'œuvre éclectique de Cendrars multiplie les visions insolites, les images d'aventure, comme autant de photographies instantanées du monde moderne.

71. Clair de lune

La première partie de *Feuilles de route* est parue en 1924. Elle doit son titre, « Le Formose », au nom du bateau sur lequel Cendrars s'est embarqué pour le Brésil. Dans ce « Clair de lune », le poète décrit une jeune fille rêvant sur le pont d'un bateau.

On tangue[1] on tangue sur le bateau
La lune la lune fait des cercles dans l'eau
Dans le ciel c'est le mât qui fait des cercles
Et désigne toutes les étoiles du doigt

Une jeune Argentine accoudée au bastingage[2]
Rêve à Paris en contemplant les phares qui dessinent la côte de France
Rêve à Paris qu'elle ne connaît qu'à peine et qu'elle regrette déjà
Ces feux tournants fixes doubles colorés à éclipses lui rappellent ceux qu'elle voyait de sa fenêtre d'hôtel sur les Boulevards et lui promettent un prompt[3] retour
Elle rêve de revenir bientôt en France et d'habiter Paris
Le bruit de ma machine à écrire l'empêche de mener ce rêve jusqu'au bout

1. **Tangue** : se balance d'avant en arrière, sur un bateau.
2. **Bastingage** : parapet bordant le pont d'un navire.
3. **Prompt** : rapide.

Ma belle machine à écrire qui sonne au bout de chaque ligne et qui
est aussi rapide qu'un jazz
Ma belle machine à écrire qui m'empêche de rêver à bâbord comme
à tribord[1]
Et qui me fait suivre jusqu'au bout une idée
Mon idée

Feuilles de Route [1924], « Le Formose », in *Au cœur du monde* précédé de *Feuilles de route, Sud-Américaines* et de *Poèmes divers*, Gallimard « Poésie », 1968.

1. **Bâbord et tribord** : parties gauche et droite d'un bateau.

SAINT-JOHN PERSE

Dans l'un de ses premiers recueils, *Éloges* (1911), Saint-John Perse (1887-1975), de son vrai nom Alexis Saint-Léger Léger, décrit la nostalgie de son enfance passée en Guadeloupe, dans la plantation familiale. Venu en France pour y poursuivre une carrière diplomatique, il est contraint de s'exiler durant la Seconde Guerre mondiale. Son œuvre, qui tente de traduire les mouvements de l'âme, est récompensée en 1960 par le prix Nobel de littérature.

72. «… Amour, amour… »

Dans le recueil *Amers*, Saint-John Perse décrit la force des éléments, et notamment celle de la mer. Dans les versets suivants, le poète donne la parole à une femme, appelée à témoigner en l'honneur de la mer.

«… Amour, amour, qui tiens si haut le cri de ma naissance, qu'il est de mer en marche vers l'Amante ! Vigne foulée sur toutes grèves[1], bienfait d'écume en toute chair, et chant de bulles sur les sables… Hommage, hommage à la Vivacité divine !

Toi, l'homme avide, me dévêts : maître plus calme qu'à son bord le maître du navire. Et tant de toile se défait, il n'est plus femme qu'agréée. S'ouvre l'Été, qui vit de mer. Et mon cœur t'ouvre femme plus fraîche que l'eau verte : semence et sève de douceur, l'acide avec le lait mêlé, le sel avec le sang très vif, et l'or et l'iode, et la saveur aussi du cuivre et son principe d'amertume – toute la mer en moi portée comme dans l'urne maternelle…

Et sur la grève de mon corps l'homme né de mer s'est allongé. Qu'il rafraîchisse son visage à même la source sous les sables ; et se réjouisse sur mon aire, comme le dieu tatoué de fougère mâle… Mon amour, as-tu soif ? Je suis femme à tes lèvres plus neuve que la

1. **Grèves** : terrains de sable et de gravier au bord de la mer.

soif. Et mon visage entre tes mains comme aux mains fraîches du naufrage, ah ! qu'il te soit dans la nuit chaude fraîcheur d'amande et saveur d'aube, et connaissance première du fruit sur la rive étrangère.

J'ai rêvé, l'autre soir, d'îles plus vertes que le songe… Et les navigateurs descendent au rivage en quête d'une eau bleue ; ils voient – c'est le reflux[1] – le lit refait des sables ruisselants : la mer arborescente[2] y laisse, s'enlisant, ces pures empreintes capillaires, comme de grandes palmes[3] suppliciées, de grandes filles extasiées qu'elle couche en larmes dans leurs pagnes[4] et dans leurs tresses dénouées.

Et ce sont là figurations du songe. Mais toi l'homme au front droit, couché dans la réalité du songe, tu bois à même la bouche ronde, et sais son revêtement punique : chair de grenade et cœur d'oponce[5], figue d'Afrique et fruit d'Asie… Fruits de la femme, ô mon amour, sont plus que fruits de mer : de moi non peinte ni parée, reçois les arrhes[6] de l'Été de mer… »

Amers [1957], Gallimard, « Poésie », 1970.

1. **Reflux** : mouvement de la mer qui se retire.
2. **Arborescente** : qui prend la taille et l'apparence d'un arbre (sens propre) ; qui se dirige dans tous les sens, comme les branches d'un arbre (sens figuré).
3. **Palmes** : feuilles de palmier.
4. **Pagnes** : vêtements faits d'étoffe ou de feuilles tressées noués autour de la taille.
5. **Punique** : relatif aux colonies romaines d'Afrique du Nord (sens propre) ; rusé, perfide (sens figuré) ; **oponce** : plante originaire d'Amérique.
6. **Arrhes** : sommes d'argent remises au moment de la signature d'un contrat.

PIERRE REVERDY

En 1916, Pierre Reverdy (1889-1960) publie son premier recueil de poèmes, *La Lucarne ovale*, et fonde un an plus tard la revue *Nord-Sud*, saluée par les surréalistes. Il se retire près de l'abbaye de Solesmes en 1925 pour se consacrer à l'écriture. Il cherche ainsi, dans la solitude et la prière, à exprimer la réalité poétique du monde, comme en témoignent les recueils *Écumes de la mer* (1926), *Pierres blanches* (1930) ou *Main-d'œuvre* (1949).

73. En attendant

Dans ce poème extrait du recueil *La Guitare endormie*, le poète décrit l'éveil des sens au sortir du rêve.

Des lignes trop usées par les rigueurs du temps
La flaque d'eau sous la gouttière
Le reflet timide qui danse
Et la nuit qui descend
Aucun essor[1]
Aucun effort
Pour détacher l'esprit de cette ritournelle[2]
Il faut marcher tout droit sans condition
Vers la vie plus réelle
Plus bas se contenter des plus maigres rayons
Au passage émouvant d'une aile
Tout s'évapore et sèche
Et même l'illusion qui rendait l'aube moins amère
Les mains retiennent l'air
Le soleil broie la tête
On retrouve le meilleur temps
L'image à la poitrine et l'œil sur le cadran

---

1. **Essor** : élan, envol.
2. **Ritournelle** : chanson, refrain.

La vitre avec le feu
La vague sous le vent
Et l'heure étouffée dans sa gaine

La Guitare endormie [1919] in *Plupart du temps*,
Gallimard « Poésie », 1989.

JEAN COCTEAU

Poète, romancier, homme de théâtre et de cinéma, mais aussi peintre et dessinateur, Jean Cocteau (1889-1963) a exploré avec talent de nombreux domaines littéraires et artistiques. Il connaît un succès tout particulier au théâtre avec des pièces comme *Antigone* (1922) ou *La Machine infernale* (1934), et au cinéma avec l'adaptation du conte *La Belle et la Bête* (1946).

74. Jeune fille endormie

Le poème suivant peut se lire comme une invitation à rompre avec le quotidien, grâce au rêve, pour redécouvrir le monde avec un regard poétique.

Rendez-vous derrière l'arbre à songes;
Encore faut-il savoir auquel aller.
Souvent on embrouille les anges,
Victimes du mancenillier[1].

Nous qui savons ce que ce geste attire:
Quitter le bal et les buveurs de vin,
À bonne distance des tirs
Nous ne dormirons pas en vain.

Dormons sous un prétexte quelconque
Par exemple: voler en rêve;
Et mettons-nous en forme de quinconce[2]
Pour surprendre les rendez-vous.

1. **Mancenillier**: arbre dont le fruit est vénéneux et dont l'ombre passait pour causer un sommeil mortel.
2. **Quinconce**: figure géométrique à cinq points, disposés comme sur un dé.

C'est le sommeil qui fait ta poésie
Jeune fille avec un seul bras paresseux ;
Déjà le rêve à grand spectacle t'a saisie
Et plus rien d'autre ne t'intéresse.

Opéra [1927] in *Romans, Poésies, Œuvres diverses*,
LGF, « La pochothèque », 1995.

PAUL ÉLUARD

Paul Éluard (1895-1952) fait partie des premiers adhérents au surréalisme, aux côtés d'André Breton et de Louis Aragon. Combattant pendant la Première Guerre mondiale, il s'est engagé dans la Résistance lors de la Seconde. Son œuvre poétique, souvent inspirée des femmes qu'il a aimées, Gala, Nusch et Dominique (*Capitale de la Douleur*, 1926 ; *Facile*, 1935 ; *Les Yeux fertiles*, 1936 ; *Le Phénix*, 1979), conjugue ainsi lyrisme et engagement.

75. La dame de carreau

Ce poème a été publié pour la première fois dans *La Révolution surréaliste* en 1926. Avec des images simples, Éluard témoigne ici de son intérêt, et de celui des surréalistes, pour la divination, et livre au lecteur un rêve qui persiste depuis l'enfance.

Tout jeune, j'ai ouvert mes bras à la pureté. Ce ne fut qu'un battement d'ailes au ciel de mon éternité, qu'un battement de cœur amoureux qui bat dans les poitrines conquises. Je ne pouvais plus tomber.

Aimant l'amour. En vérité, la lumière m'éblouit.

J'en garde assez en moi pour regarder la nuit, toute la nuit, toutes les nuits.

Toutes les vierges sont différentes. Je rêve toujours d'une vierge.

À l'école, elle est au banc devant moi, en tablier noir[1]. Quand elle se retourne pour me demander la solution d'un problème, l'innocence de ses yeux me confond à un tel point que, prenant mon trouble en pitié, elle passe ses bras autour de mon cou.

Ailleurs, elle me quitte. Elle monte sur un bateau. Nous sommes presque étrangers l'un à l'autre, mais sa jeunesse est si grande que son baiser ne me surprend point.

---

1. Autrefois, les écoliers portaient des tabliers pour ne pas salir leurs vêtements avec l'encre.

Ou bien, quand elle est malade, c'est sa main que je garde dans les miennes, jusqu'à en mourir, jusqu'à m'éveiller.

Je cours d'autant plus vite à ses rendez-vous que j'ai peur de n'avoir pas le temps d'arriver avant que d'autres pensées me dérobent à moi-même.

Une fois, le monde allait finir et nous ignorions tout de notre amour. Elle a cherché mes lèvres avec des mouvements de tête lents et caressants. J'ai bien cru, cette nuit-là, que je la ramènerais au jour.

Et c'est toujours le même aveu, la même jeunesse, les mêmes yeux purs, le même geste ingénu[1] de ses bras autour de mon cou, la même caresse, la même révélation.

Mais ce n'est jamais la même femme.

Les cartes ont dit que je la rencontrerai dans la vie, *mais sans la reconnaître.*

Aimant l'amour.

Les Dessous d'une vie ou la Pyramide humaine [1926] in *Œuvres complètes*, t. I, Gallimard, « Bibliothèque de la Pléiade », 1968.

76. Blason décoré de mes rêves

« Blason décoré de mes rêves » doit être considéré comme un poème inachevé car Éluard projetait d'y apporter d'importantes corrections. Dans ce texte, le poète propose une mise en abyme : le rêve ne cesse de se redoubler et de se renouveler en d'innombrables images d'animaux et de nature, à la manière des blasons médiévaux qui ornaient les armoiries d'entrelacs de fleurs et de bêtes fantastiques.

Dans ce rêve et pourtant j'étais presque éveillé
Je me croyais au seuil de la grande avalanche
Tête d'air renversée sous le poids de la terre
Ma trace était déjà dissipée j'étouffais
Dernier souffle premier gouffre définitif

1. **Ingénu** : naïf, candide.

Je respire souvent très mal je me confine[1]
Moralement aussi surtout quand je suis seul

Dans ce rêve le temps de vivre était réduit
À sa plus simple expression naître et mourir
Mes vertèbres mes nerfs ma chair
Tremblaient bégayaient d'ignorance
Et je perdais mon apparence

J'en vins pour me sauver à rêver d'animaux
De chiens errants et fous de nocturnes immenses
D'insectes de bois sec et de grappes gluantes
Et de masses mouvantes
Plus confuses que des rochers
Plus compliquées que la forêt d'outre-chaleur[2]
Où le soleil se glisse comme une névrite[3]
Des animaux cachots tunnels et labyrinthes

Sur terre et sous terre oubliés
Des animaux au sein de l'eau qui les nourrit
À fleur de l'air qui les contient
Et des animaux décantés[4]
Faits de tout et de rien
Comme les astres supposés
Sans parois immédiates sans rapports certains
Vertige dans la brume je restais en friche[5]

Je figurais comme un mendiant
La nature et les éléments
Et ma chair pauvre mon sang riche

1. **Me confine** : me cloître, reste enfermé.
2. **Outre-chaleur** : chaleur extrême.
3. **Névrite** : lésion, inflammation d'un nerf.
4. **Décantés** : dépouillés de leurs impuretés.
5. **En friche** : abandonné.

Et mes plumes vives fanées
Mes écailles ma peau vidée
Ma voix muette mon cœur sourd
Mon pelage mes griffes sûres
Ma course et mon cheminement
Ma ponte et mon éventrement
Ma mue[1] et ma mort sans rupture
Mon corps absurde prisonnier
Des poussées de la vie en vrac
Ma fonction d'être reproduit
Interminablement
M'inclinaient toujours un peu plus
Vers le fond le plus inconscient

Poésie ininterrompue [1952], Gallimard, « Poésie », 1969.

1. **Mue** : renouvellement du pelage, du plumage, ou autre chez certains animaux (sens propre) ; changement (sens figuré).

ANTONIN ARTAUD

Antonin Artaud (1896-1948) souffre d'une grave maladie nerveuse qui lui vaut, dès son plus jeune âge, de nombreux séjours en hôpital psychiatrique. Le poète met parfois en scène ce déséquilibre mental dans ses textes, comme *L'Ombilic des limbes* (1924) ou *Le Pèse-Nerfs* (1927), qui juxtaposent des images violentes et surprenantes.

77. La nuit opère

Ce poème illustre l'effort de lucidité de l'écrivain. Artaud y décrit en effet avec minutie les transformations qu'opère le travail d'écriture poétique sur le corps, la pensée et les rêves.

Dans les outres[1] des draps gonflés
où la nuit entière respire,
le poète sent ses cheveux
grandir et se multiplier.

Sur tous les comptoirs de la terre
montent des verres déracinés,
le poète sent sa pensée
et son sexe l'abandonner.

Car ici la vie est en cause
et le ventre de la pensée ;
les bouteilles heurtent les crânes
de l'aérienne assemblée.

Le Verbe pousse du sommeil
comme une fleur ou comme un verre
plein de formes et de fumées.

---

1. **Outres** : peaux cousues en forme de sac.

Le verre et le ventre se heurtent,
    La vie est claire
dans les crânes vitrifiés.

L'aréopage[1] ardent des poètes
s'assemble autour du tapis vert
    le vide tourne.

La vie traverse la pensée
du poète aux cheveux épais.

Dans la rue rien qu'une fenêtre,
    les cartes battent ;
dans la fenêtre la femme au sexe
met son ventre en délibéré[2].

L'Ombilic des limbes [1925], Gallimard, « Poésie », 1968.

1. **Aréopage** : assemblée, conseil.
2. **En délibéré** : moment pendant lequel les juges se retirent pour préparer leur verdict.

ANDRÉ BRETON, PHILIPPE SOUPAULT

En 1919, André Breton (1896-1966) et Philippe Soupault (1897-1990) fondent avec Louis Aragon la revue *Littérature*, où ils publient *Les Champs magnétiques*. Ce premier texte d'écriture automatique marque la naissance du surréalisme, courant artistique qui prône la toute-puissance du rêve et de l'imagination.

78. Les Champs magnétiques (extrait)

Dans *Les Champs magnétiques*, écrits en quinze jours au cours de plusieurs séances d'écriture automatique, Breton et Soupault rompent avec tout ordre logique. Dans cet extrait, ils multiplient ainsi les images insolites.

À la tête d'une compagnie d'assurances, nous avons fait mettre notre rêve qui est un beau malfaiteur. Les petits passe-temps anecdotiques qui montent aux jambes de nos cigares nous émeuvent médiocrement. Je n'ai pas un sou à mettre dans le journal. Au plus offrant des crépuscules s'abandonne un mobilier de grand style qui m'appartenait. Cela m'est égal à cause des moyens de transport qui mettent à ma portée le seul luxe instinctif. Je ne recherche rien tant que ces courants d'air qui déforment utilement les petites places. À Paris il y a des monticules[1] poudreux qui se retirent de la circulation. Le veilleur de nuit fixe une lanterne jaune et rouge et se parle des heures à haute voix, mais sa prudence ne produit pas toujours l'effet espéré.

Il se prépare de jolis coups de grisou[2] tandis que, la tête en bas, les élégantes partent pour un voyage au centre de la terre. On leur a parlé de soleils enfouis. Les grands morceaux d'espace créé s'en vont à toute vitesse vers le pôle. La montre des ours blancs marque

---

1. **Monticules** : buttes, élévations.
2. **Coups de grisou** : explosions de gaz dans une mine qui provoquent d'importants dégâts.

l'heure du bal. Les agrès[1] stupides de l'air, avant d'arriver, forment des singes qui comprennent vite qu'on s'est moqué d'eux. Ils détendent leur queue d'acier trempé. Leur bonne étoile est l'œil, révulsé[2] à cette hauteur, des femmes qu'ils enlevèrent. La grotte est fraîche et l'on sent qu'il faut s'en aller ; l'eau nous appelle, elle est rouge et le sourire est plus fort que les fentes qui courent comme des plantes sur ta maison, ô journée magnifique et tendre comme cet extraordinaire petit cerceau. La mer que nous aimons ne supporte pas les hommes aussi maigres que nous. Il faut des éléphants à têtes de femmes et des lions volants. La cage est ouverte et l'hôtel fermé pour la deuxième fois, quelle chaleur ! À la place du chef on remarque une assez belle lionne qui griffonne son dompteur sur le sable et s'abaisse de temps en temps à le lécher. Les grands marais phosphorescents[3] font de jolis rêves et les crocodiles se reprennent la valise faite avec leur peau. La carrière s'oublie dans les bras du contremaître. C'est alors qu'intervient le gros poussier[4] des wagonnets qui excuse tout. Les petits enfants de l'école qui voient cela ont oublié leurs mains dans l'herbier. Comme vous ils s'endormiront ce soir dans l'haleine de ce bouquet optique qui est un tendre abus.

Les Champs magnétiques [1920], « Éclipses », in *Les Champs magnétiques* suivi de *S'il vous plaît* et de *Vous m'oublierez*, Gallimard, « Poésie », 1971.

---

1. **Agrès** : éléments de gréement d'un navire, comme les voiles, les cordages.
2. **Révulsé** : retourné.
3. **Phosphorescents** : brillants.
4. **Poussier** : poussière de charbon.

ANDRÉ BRETON

Très jeune, André Breton (1896-1966) correspond avec Apollinaire et fréquente les cercles littéraires où il rencontre Soupault. Fondateur du surréalisme, il théorise ce mouvement littéraire et artistique dans deux manifestes qu'il publie en en 1924 et 1930. Tout au long de son œuvre, Breton célèbre la femme aimée et mêle aux thèmes de l'amour courtois, hérité de la tradition poétique médiévale, un érotisme à peine voilé.

79. L'Air de l'eau (extrait)

Dans cet extrait du recueil *L'Air de l'eau*, paru en 1934, Breton fait l'éloge de la femme. Sous sa plume, elle se prête à toutes les métamorphoses: tour à tour enfant, fée, sirène et papillon, elle incarne ainsi l'accès à un autre monde, promesse de merveilleux.

Je rêve je te vois superposée indéfiniment à toi-même
Tu es assise sur le haut tabouret de corail
Devant ton miroir toujours à son premier quartier
Deux doigts sur l'aile d'eau du peigne
Et en même temps
Tu reviens de voyage tu t'attardes la dernière dans la grotte
Ruisselante d'éclairs
Tu ne me reconnais pas
Tu es étendue sur le lit tu t'éveilles ou tu t'endors
Tu t'éveilles où tu t'es endormie ou ailleurs
Tu es nue la balle de sureau[1] rebondit encore
Mille balles de sureau bourdonnent[2] au-dessus de toi
Si légères qu'à chaque instant ignorées de toi
Ton souffle ton sang sauvés de la folle jonglerie de l'air
Tu traverses la rue les voitures lancées sur toi ne sont plus que leur
ombre

---

1. **Balle de sureau**: pendule électrique permettant de déterminer si un objet est électrisé.
2. **Bourdonnent**: voltigent.

Et la même
Enfant
Prise dans un soufflet de paillettes
Tu sautes à la corde
Assez longtemps pour qu'apparaisse au haut de l'escalier invisible
Le seul papillon vert qui hante les sommets de l'Asie
Je caresse tout ce qui fut toi
Dans tout ce qui doit l'être encore
J'écoute siffler mélodieusement
Tes bras innombrables
Serpent unique dans tous les arbres
Tes bras au centre desquels tourne le cristal de la rose des vents
Ma fontaine vivante de Sivas[1]

L'Air de l'eau [1934] in *Clair de terre* précédé de *Mont de piété*
et suivi de *Le Revolver à cheveux blancs* et de *L'Air de l'eau*,
Gallimard, « Poésie », 1966.

1. **Sivas** ou Shiva : dieu hindou souvent représenté avec quatre bras symbolisant les points cardinaux.

PHILIPPE SOUPAULT

Après avoir participé à la création du mouvement surréaliste, Philippe Soupault (1897-1990) s'en éloigne et se consacre aux voyages et au journalisme. Tour à tour traducteur, reporter, essayiste (*Charlot*, 1930) et romancier (*Les Moribonds*, 1934), il rassemble en 1973 l'ensemble de ses œuvres poétiques composées entre 1917 et 1973 sous le titre *Poèmes et Poésies*.

80. Rêves

Après la Seconde Guerre mondiale, pendant laquelle il a été emprisonné, Soupault publie un recueil intitulé *Chansons*. Dans les vers qui suivent, le poète s'adresse à une femme et demande qu'elle lui fasse don de son rêve.

Près des villes miraculeuses
puisque vous rêvez rêveuse
sur les rives de la vie
fleuve de peine ou fleuve d'oubli

Vivez rêveuse revivez
tous les songes que vous aimez
ne sont ni mensonge ni folie
ô rêveuse que je vous envie

De l'avenir rêvé qui vous rit
rien ne meurt de vos rêveries
ni les soucis ni les douleurs
ni le sourire du bonheur

Vos rêves ce sont les couronnes
des nuits des heures monotones
que vous donnez à ceux qui meurent
de ne croire qu'à ce qui demeure

Donnez-moi vos rêves rêveuse
la vie est longue et malheureuse
pour celui qui veut s'obstiner
à n'atteindre que la vérité

Chansons [1949] in *Georgia, Épitaphes, Chansons*, Gallimard, « Poésie », 1985.

LOUIS ARAGON

Blessé au front lors de la Première Guerre mondiale, Louis Aragon (1897-1982) rencontre André Breton à l'hôpital du Val-de-Grâce et participe aux débuts du mouvement surréaliste. Son œuvre, extrêmement variée, comprend des romans (*Aurélien*, 1945 ; *Blanche ou l'oubli*, 1967) et de nombreux recueils poétiques, en partie inspirés par sa femme, Elsa Triolet (1896-1970) (*Les Yeux d'Elsa*, 1942 ; *Le Fou d'Elsa*, 1963).

81. La nuit de Moscou

Long poème autobiographique, *Le Roman inachevé* paraît en 1956. Dans « La nuit de Moscou », Aragon relate ses voyages en URSS avec Elsa, qui s'apparentent alors à une quête d'absolu, loin de toute réalité.

Ici j'ai tant rêvé marchant de l'avenir
Qu'il me semblait parfois de lui me souvenir
Et ma fièvre prenait dans mes mains sa main nue
Il chantait avec moi les mêmes chansons folles
Je sentais son haleine et déjà nos paroles
Traduisaient sans effort les choses inconnues

Ici j'ai tant aimé la nuit et le silence
Tant de fois égaré mes pas comme une enfance
Tant de fois à plaisir j'ai perdu mon chemin
Tant de fois retrouvé mes fantômes en loques[1]
Ombres de mon passé dans un pereoulok[2]
Dont le nom m'échappait comme l'eau de la main

1. **En loques** : déchirés, usés.
2. **Pereoulok** : mot russe qui désigne un passage étroit servant à relier deux rues parallèles.

Que j'ai finalement au fond de ma rétine
Confondu ce qui vient et ce que j'imagine
Sans savoir que tout songe est le deuil d'aujourd'hui
Que l'homme voit la flamme et ne peut pas la dire
Et s'il ne se perd plus où nos yeux se perdirent
Plus tard par d'autres feux ses yeux seront séduits

L'histoire entre nos doigts file à telle vitesse
Que devant ce qui fut demain dira Qu'était-ce
Oublieux des refrains où notre cœur s'est plu
Comment s'habituer à ce qui nous dépasse
Nous avons appelé notre cage l'espace
Mais déjà ses barreaux ne nous contiennent plus

Pour borner l'existence à notre témoignage
En vain de nos tombeaux nous marquons les gagnages
La luzerne[1] franchit la pierre et se déploie
Et nos miroirs polis[2] auront à reconnaître
Non les flambeaux défunts mais ceux-là qui vont naître
Et non pas notre songe et non pas notre loi

Dans ce siècle où la guerre atteignait au solstice[3]
Les hommes plus profonde et noire l'injustice
Vers l'étoile tournaient leurs yeux d'étonnement
Et j'étais parmi eux partageant leur colère
Croyant l'aube prochaine à toute ombre plus claire
À tout pas dans la nuit croyant au dénouement

---

1. **Luzerne** : plante fourragère.
2. **Polis** : frottés et rendus brillants.
3. **Solstice** : apogée, comble (sens figuré).

Étoile on oubliait les douleurs et la crainte
Le minotaure[1] à ce détour du labyrinthe
Étoile comme une eau dans notre aridité[2]
Toi qu'on pouvait toucher en montant la colline
Étoile si lointaine étoile si voisine
Étoile sur la terre étoile à ma portée

Je mettais son contraire au lieu de toute chose
J'imaginais la vie et ses métamorphoses
Comme une féerie énorme et machinée[3]
C'était un jardin bleu tintant comme un cristal
Où les pieds fabuleux marchaient sur des pétales
Et cependant les fleurs jamais n'étaient fanées

J'attendais un bonheur aussi grand que la mer
Et de l'aube au couchant couleur de la chimère
Un amour arraché de ses chaînes impies[4]
Mais la réalité l'entend d'une autre oreille
Et c'est à sa façon qu'elle fait ses merveilles
Tant pis pour les rêveurs tant pis pour l'utopie[5]

Le printemps s'il fleurit et l'homme enfin s'il change
Est-ce opération des elfes ou des anges
Ou lignes de la main pour les chiromancies[6]
On sourira de nous comme de faux prophètes[7]
Qui prirent l'horizon pour une immense fête
Sans voir les clous perçant les paumes du Messie[8]

---

1. **Minotaure**: dans la mythologie grecque, monstre à corps d'homme et à tête de taureau enfermé dans le labyrinthe de Crète.
2. **Aridité**: sécheresse.
3. **Machinée**: mécanique, faisant intervenir des machines.
4. **Impies**: infidèles.
5. **Utopie**: conception idéaliste des rapports entre les hommes et la société.
6. **Chiromancies**: faits de prédire l'avenir en lisant les lignes de la main.
7. **Faux prophètes**: imposteurs qui se font passer pour les messagers de Dieu.
8. Allusion aux cicatrices sur les mains de Jésus après la crucifixion.

On sourira de nous pour le meilleur de l'âme
On sourira de nous d'avoir aimé la flamme
Au point d'en devenir nous-mêmes l'aliment
Et comme il est facile après coup de conclure
Contre la main brûlée en voyant sa brûlure
On sourira de nous pour notre dévouement

Quoi je me suis trompé cent mille fois de route
Vous chantez les vertus négatives du doute
Vous vantez les chemins que la prudence suit
Eh bien j'ai donc perdu ma vie et mes chaussures
Je suis dans le fossé je compte mes blessures
Je n'arriverai pas jusqu'au bout de la nuit

Qu'importe si la nuit à la fin se déchire
Et si l'aube en surgit qui la verra blanchir
Au plus noir du malheur j'entends le coq chanter
Je porte la victoire au cœur de mon désastre
Auriez-vous crevé les yeux de tous les astres
Je porte le soleil dans mon obscurité

Le Roman inachevé [1956], Gallimard, « Poésie », 1966.

82. « Tandis que je parlais le langage des vers... »

Le recueil *Elsa* (1959) célèbre l'amour d'Aragon pour Elsa Triolet. Dans ce poème, le sommeil de la femme aimée devient une source d'inquiétude pour le poète car sa muse semble alors lui échapper.

Tandis que je parlais le langage des vers
Elle s'est doucement tendrement endormie
Comme une maison d'ombre au creux de notre vie
Une lampe baissée au cœur des myrtes[1] verts

1. **Myrtes** : arbres ; dans la mythologie grecque, le myrte est l'arbre des amoureux.

Sa joue a retrouvé le printemps du repos
Ô corps sans poids posé dans un songe de toile
Ciel formé de ses yeux à l'heure des étoiles
Un jeune sang l'habite au couvert de sa peau

La voilà qui reprend le versant de ses fables
Dieu sait obéissant à quels lointains signaux
Et c'est toujours le bal la neige les traîneaux
Elle a rejoint la nuit dans ses bras adorables

Je vois sa main bouger Sa bouche Et je me dis
Qu'elle reste pareille aux marches du silence
Qui m'échappe pourtant de toute son enfance
Dans ce pays secret à mes pas interdit

Je te supplie amour au nom de nous ensemble
De ma suppliciante[1] et folle jalousie
Ne t'en va pas trop loin sur la pente choisie
Je suis auprès de toi comme un saule qui tremble

J'ai peur éperdument du sommeil de tes yeux
Je me ronge le cœur de ce cœur que j'écoute
Amour arrête-toi dans ton rêve et ta route
Rends-moi ta conscience et mon mal merveilleux

Elsa [1959], Gallimard, « Poésie », 2009.

1. **Suppliciante** : personne qui torture, qui inflige une douleur insupportable.

83. Les lilas

Paru en 1963, *Le Fou d'Elsa* est une œuvre monumentale de plus de cinq cents pages, écrite en prose et en vers, dans laquelle s'expriment toute la démesure et la folie de l'amour d'Aragon pour sa compagne. Dans « Les lilas », le poète, égaré par ses sensations, tente de rejoindre la femme aimée.

Je rêve et je me réveille
Dans une odeur de lilas
De quel côté du sommeil
T'ai-je ici laissée ou là

Je dormais dans ta mémoire
Et tu m'oubliais tout bas
Ou c'était l'inverse histoire
Étais-je où tu n'étais pas

Je me rendors pour t'atteindre
Au pays que tu songeas
Rien n'y fait que fuir et feindre
Toi tu l'as quitté déjà

Dans la vie ou dans le songe
Tout a cet étrange éclat
Du parfum qui se prolonge
Et d'un chant qui s'envola

Ô claire nuit jour obscur
Mon absente entre mes bras
Et rien d'autre en moi ne dure
Que ce que tu murmuras

Le Fou d'Elsa, [1963], Gallimard, « Poésie », 2002.

JEAN CASSOU

À la fois historien et critique d'art, Jean Cassou (1897-1986) publie également des nouvelles, des récits et des poèmes. Sa participation active à la Résistance lui vaut d'être emprisonné et privé d'écrire. Il élabore alors de tête les *Trente-trois sonnets composés au secret* (1944).

84. «Je m'égare par les pics neigeux…»

Dans ce troisième des *Trente-trois sonnets composés au secret* se lit le rêve d'évasion du poète, qui aspire à la liberté retrouvée.

Je m'égare par les pics neigeux que mon front
recèle[1] dans l'azur noir de son labyrinthe.
Plus d'autre route à moi ne s'ouvre, vagabond
enfoncé sous la voûte de sa propre plainte.

Errer dans ce lacis[2] et délirer ! Ô saintes
rêveries de la captivité. Les prisons
sont en moi mes prisonnières et dans l'empreinte
de mes profonds miroirs se font et se défont.

Je suis perdu si haut que l'on entend à peine
mon sourd appel comme un chiffon du ciel qui traîne.
Mais là-bas, clair pays d'où montent les matins,

dans ta prairie, Alice-Abeille[3], ma bergère,
si quelque voix, tout bas, murmure : « C'est ton père »,
va-t'en vers la montagne et prends-moi par la main.

Trente-trois sonnets composés au secret [1944], Gallimard « Poésie », 1995.

---

1. **Recèle** : renferme, cache.
2. **Lacis** : labyrinthe.
3. Allusion probable à un texte intitulé *L'Abeille*, paru dans une revue clandestine pendant l'Occupation.

HENRI MICHAUX

Dès son premier recueil, *Qui je fus*, paru en 1927, Henri Michaux (1899-1984) affirme sa défiance à l'égard du langage, qu'il désarticule volontiers dans des textes pleins de sarcasmes et d'extravagances. Les titres de ses nombreux recueils, comme *La nuit remue* (1934), *Face aux verrous* (1954), *Connaissance par les gouffres* (1961) ou *Façons d'endormi, Façons d'éveillé* (1969) montrent bien que l'écriture poétique est pour lui une aventure spirituelle, parfois mystique.

85. Un sportif au lit (extrait)

Dans cet extrait de récit de rêve au titre humoristique, le poète rivalise d'autodérision jusqu'au moment où il sombre dans un cauchemar.

Au fond je suis un sportif, le sportif au lit. Comprenez-moi bien, à peine ai-je les yeux fermés que me voilà en action.

Ce que je réalise comme personne, c'est le plongeon. Je ne me souviens pas, même au cinéma, d'avoir vu un plongeon en fil à plomb comme j'en exécute. Ah, il n'y a aucune mollesse en moi dans ces moments.

Et les autres, s'il y a des compétiteurs, n'existent pas à côté de moi. Aussi n'est-ce pas sans sourire que j'assiste, quand exceptionnellement ça m'arrive, à des compétitions sportives. Ces petits défauts un peu partout dans l'exécution, qui ne frappent pas le vulgaire, appellent immédiatement l'attention du virtuose ; ce ne sont pas encore ces gaillards-là, ces « Taris » ou d'autres, qui me battront. Ils n'atteignent pas la vraie justesse.

Je puis difficilement expliquer la perfection de mes mouvements. Pour moi ils sont tellement naturels. Les trucs du métier ne me serviraient à rien, puisque je n'ai jamais appris à nager, ni à plonger. Je plonge comme le sang coule dans mes veines. Oh ! glissement dans l'eau ! Oh ! l'admirable glissement, on hésite à remonter. Mais je parle en vain. Qui parmi vous comprendra jamais à quel point on peut y circuler comme chez soi ? Les véritables nageurs ne savent plus que l'eau mouille. Les horizons de la terre ferme les stupéfient. Ils retournent constamment au fond de l'eau.

*

Qui, me connaissant, croirait que j'aime la foule ? C'est pourtant vrai que mon désir secret semble d'être entouré. La nuit venue, ma chambre silencieuse se remplit de monde et de bruits ; les corridors de l'hôtel paisible s'emplissent de groupes qui se croisent et se coudoient, les escaliers encombrés ne suffisent plus ; l'ascenseur à la descente comme à la montée est toujours plein. Le boulevard Edgar-Quinet, une cohue jamais rencontrée s'y écrase, des camions, des autobus, des cars y passent, des wagons de marchandises y passent et, comme si ça ne suffisait pas, un énorme paquebot comme le « Normandie », profitant de la nuit, est venu s'y mettre en cale sèche, et des milliers de marteaux frappent joyeusement sur sa coque qui demande à être réparée.

À ma fenêtre, une énorme cheminée vomit largement une fumée abondante ; tout respire la générosité des forces des éléments et de la race humaine au travail.

Quant à ma chambre qu'on trouve si nue, des tentures descendues du plafond lui donnent un air de foire, les allées et venues y sont de plus en plus nombreuses. Tout le monde est animé ; on ne peut faire un geste sans rencontrer un bras, une taille, et enfin, étant donné la faible lumière, et le grand nombre d'hommes et de femmes qui tous craignent la solitude, on arrive à participer à un emmêlement si dense et extraordinaire qu'on perd de vue ses petites fins personnelles… C'est la tribu, ressuscitée miraculeusement dans ma chambre, et l'esprit de la tribu, notre seul dieu, nous tient tous embrassés.

La nuit remue [1935], Gallimard, « La bibliothèque Gallimard », 2002.

ROBERT DESNOS

D'abord journaliste pour la presse écrite et radiophonique, Robert Desnos (1900-1945) participe aux séances de sommeil hypnotique organisées par les surréalistes et compose ainsi de nombreux poèmes. En 1930, il s'éloigne du mouvement et publie un recueil rassemblant tous ses textes, *Corps et Biens*. Arrêté par la Gestapo en 1944 puis déporté, il meurt un an plus tard dans un camp de concentration.

86. J'ai tant rêvé de toi

La section du recueil *Corps et Biens* intitulée « À la mystérieuse », dont est extrait ce poème, est probablement inspirée par Yvonne Georges, une danseuse de music-hall dont Desnos était amoureux. Le poète y renouvelle, par le recours au rêve, la tradition de l'éloge amoureux.

J'ai tant rêvé de toi que tu perds ta réalité.

Est-il encore temps d'atteindre ce corps vivant et de baiser sur cette bouche la naissance de la voix qui m'est chère ?

J'ai tant rêvé de toi que mes bras habitués en étreignant[1] ton ombre à se croiser sur ma poitrine ne se plieraient pas au contour de ton corps, peut-être.

Et que, devant l'apparence réelle de ce qui me hante et me gouverne depuis des jours et des années je deviendrais une ombre sans doute,

Ô balances sentimentales.

J'ai tant rêvé de toi qu'il n'est plus temps sans doute que je m'éveille. Je dors debout, le corps exposé à toutes les apparences de la vie et de l'amour et toi, la seule qui compte aujourd'hui pour moi, je pourrais moins toucher ton front et tes lèvres que les premières lèvres et le premier front venu.

J'ai tant rêvé de toi, tant marché, parlé, couché avec ton fantôme qu'il ne me reste plus peut-être, et pourtant, qu'à être fantôme parmi

1. **En étreignant** : en prenant dans mes bras.

les fantômes et plus ombre cent fois que l'ombre qui se promène et se promènera allégrement[1] sur le cadran solaire de ta vie.

Corps et Biens [1930], Gallimard, « La bibliothèque Gallimard », 2005.

87. Désespoir du soleil

Dans ce poème qui semble s'apparenter à un récit de rêve, le poète reprend l'image mythique du sphinx et suscite ainsi le trouble du lecteur en le confrontant à une énigme irrésolue.

Quel bruit étrange glissait le long de la rampe d'escalier au bas de laquelle rêvait la pomme[2] transparente.

Les vergers étaient clos et le sphinx bien loin de là s'étirait dans le sable craquant de chaleur dans la nuit de tissu fragile.

Ce bruit devait-il durer jusqu'à l'éveil des locataires ou s'évader dans l'ombre du crépuscule matinal ? Le bruit persistait. Le sphinx aux aguets l'entendait depuis des siècles et désirait l'éprouver. Aussi ne faut-il pas s'étonner de voir la silhouette souple du sphinx dans les ténèbres de l'escalier. Le fauve égratignait de ses griffes les marches encaustiquées[3]. Les sonnettes devant chaque porte marquaient de lueurs la cage de l'ascenseur et le bruit persistant sentant venir celui qu'il attendait depuis des millions de ténèbres s'attacha à la crinière et brusquement l'ombre pâlit.

C'est le poème du matin qui commence tandis que dans son lit tiède avec des cheveux dénoués rabattus sur le visage et les draps plus froissés que ses paupières la vagabonde attend l'instant où s'ouvrira sur un paysage de résine et d'agate[4] sa porte close encore aux flots du ciel et de la nuit.

---

1. **Allégrement** : joyeusement, vivement.
2. **Pomme** : ornement en métal situé à l'extrémité d'une rampe d'escalier.
3. **Encaustiquées** : cirées.
4. **Agate** : pierre précieuse.

C'est le poème du jour où le sphinx se couche dans le lit de la vagabonde et malgré le bruit persistant lui jure un éternel amour digne de foi.

C'est le poème du jour qui commence dans la fumée odorante du chocolat et le monotone tac tac du cireur qui s'étonne de voir sur les marches de l'escalier les traces des griffes du voyageur de la nuit.

C'est le poème du jour qui commence avec des étincelles d'allumettes au grand effroi des pyramides surprises et tristes de ne plus voir leur majestueux compagnon couché à leurs pieds.

Mais le bruit quel était-il ? Dites-le tandis que le poème du jour commence tandis que la vagabonde et le sphinx bien-aimé rêvent aux bouleversements de paysages.

Ce n'était pas le bruit de la pendule ni celui des pas ni celui du moulin à café.

Le bruit quel était-il ? Quel était-il ?

L'escalier s'enfoncera-t-il toujours plus avant ? montera-t-il toujours plus haut ?

Rêvons acceptons de rêver c'est le poème du jour qui commence.

Corps et Biens [1930], Gallimard, « La bibliothèque Gallimard », 2005.

JACQUES PRÉVERT

Auteur, scénariste et dialoguiste à l'esprit moqueur, Jacques Prévert (1900-1977) connaît de grands succès avec ses poèmes (*Paroles*, 1946) et certains films dont il était le scénariste, comme *Quai des brumes* (1938) ou *Les Enfants du paradis* (1945).

88. Rêve

Les poèmes du recueil *Adonides*, commencés en 1960, ont été partiellement publiés dans *Fatras* (1965) avant de paraître dans leur intégralité en 1978, un an après la mort de Prévert. Dans ce « fatras » poétique, il intègre toutes sortes de matériaux : lettres, collages ou, comme ici, récits de rêve.

Quelque part où il y a la mer
– dans le rêve je sais où c'est –
une fille nue
sans être remarquée
traverse une foule tout habillée
Elle me surprend sans me troubler
C'est d'abord cela mon rêve
mais soudain je vois ma mère
dans une grande voiture d'un autrefois encore récent
une voiture pour Noces et Banquets
avec les chevaux le cocher[1]
La mariée c'est ma mère
Est-elle en blanc
je n'en sais plus rien maintenant
Près d'elle il y a mon père
ou peut-être que je l'ajoute maintenant
Et ma mère m'aperçoit
et sourit de son sourire toujours enfant

1. **Cocher** : personne qui conduit une voiture à cheval.

mais elle a pour moi en même temps
un regard de tendre et douloureux reproche
Je n'ai pas d'excuse
j'aurais dû aller à son mariage
Bien sûr je n'étais pas invité
Je suis de la famille et on m'attendait
maintenant il est trop tard
la fête est passée
et ce n'était pas pour moi
la moindre mais la plus pressante des choses à faire
Je ne l'ai pas faite.

11 décembre 1960, 4 heures le matin.

Adonides [posth. 1978], Gallimard, « Bibliothèque de la Pléiade », t. I, 1996.

RAYMOND QUENEAU

Auteur de romans, comme *Zazie dans le métro* (1959), d'œuvres poétiques et d'essais, Raymond Queneau (1903-1976) renouvelle la langue écrite par ses emprunts à l'argot, ses jeux de langage ou ses transcriptions phonétiques, et allie subtilement poésie et humour.

89. Monument pour un rêve

Publié en 1948, le recueil *Monuments* est le fruit d'une collaboration entre Queneau et l'artiste Jean-Paul Vroom. Queneau a en effet composé ses poèmes en prose à partir de douze dessins. Dans ce onzième texte, le poète commente les changements opérés par la psychanalyse et le cinéma sur notre conception du rêve. On y retrouve le goût pour les jeux de mots de l'auteur des *Exercices de style* (1947 et 1963).

Le rêve, ça n'est plus du tout sexe-était autrefois. Ça a beaucoup changé durant ces dernières années. Comme tant d'autres choses, faut bien le reconnaître. La cause ? Eh bien, primo[1], la vulgarisation de la psychanalyse (la psychologie qui fait pschtt) : on est prévenu. Et puis, secundo[2] l'influence du cinéma. Avant la découverte de l'écran, on se demande sur quel plan les gens pouvaient bien situer leurs rêves… Sans écran… tout plat… tout lisse… Et quand les mouvizes[3] seront en relief…

alors… que de conséquences…

Monuments [1948], XI, in *Œuvres complètes*, t. I, Gallimard, « Bibliothèque de la Pléiade », 1989.

1. **Primo** : premièrement
2. **Secundo** : deuxièmement.
3. Transcription phonétique du mot anglais « *movies* » qui signifie « films ».

LEOPOLD SÉDAR SENGHOR

Homme politique sénégalais, Léopold Sédar Senghor (1906-2001) est aussi un homme de lettres. Dans les années 1930, il forge avec son ami et poète martiniquais, Aimé Césaire (1913-2008), le concept de négritude qui défend l'ensemble des valeurs culturelles et spirituelles de l'Afrique. L'œuvre de Senghor est essentiellement constituée de recueils poétiques (*Chants d'ombre*, 1945; *Hosties noires*, 1948; *Lettres d'hivernage*, 1972) qui s'inspirent des musiques, des rythmes et des chants traditionnels africains.

90. « Lasse ma tête mienne-ci… »

Les versets lyriques de ce poème tiré du recueil *Nocturnes* (1961) peuvent être entendus comme un chant du monde et un rêve de paix universelle.

(pour deux flûtes)

Lasse ma tête mienne-ci, lourdes mes pensées à la chaîne
Mes nerfs las dans l'usine tournant au café – Seigneur ce tremblement qui taraude[1] mes os !
Lasses lasses mes jambes lasses par les rues de thé à cinq heures.
Et mon cœur de ma mère lasse, qui oscille toujours entre Espoir et Angoisse.
Je rêve le soir d'amuïssement[2] à la finale des Nations.

Ma tête sur le sable de ton sein, mes yeux dans tes yeux d'Outre-mer
Quand les piroguiers[3] de la Grande-Mer nous livreront-ils les poissons du rêve ?

---

1. **Taraude** : creuse.
2. **Amuïssement** : affaiblissement de la prononciation jusqu'au silence.
3. **Piroguiers** : personnes qui naviguent en pirogue, embarcation primitive longue et légère.

Notre pagne est d'or blanc, d'or rouge les nuages notre haut pavillon[1] seigneurial.
Vois les deux cités sœurs par-delà le bolong[2], la pourpre des vivants la cité bleue des Morts.
Je rêve le soir d'un pays perdu, où les Rois et les Morts étaient mes familiers.
Soufflent tes mains leurs alizés[3] dans mes cheveux, qui bruissent[4] de délices.
Oh ! leur chant dans les hautes palmes ou sur l'aile des goélands, je ne sais trop.
Que je dorme sur la paix de ton sein, dans l'odeur des pommes-cannelles.
Nous boirons le lait de la lune, qui ruisselle sur le sable à minuit.

Nocturnes [1961] in *Œuvres poétiques*, Seuil, « Points Poésie », 2006.

---

1. **Pavillon** : drapeau hissé en haut du mât d'un navire pour indiquer à qui il appartient.
2. **Bolong** : mot d'origine sénégalaise qui désigne un bras de mer bordé d'arbres dont les racines sont dites « aériennes » car elles sortent du sol.
3. **Alizés** : vents tropicaux.
4. **Bruissent** : murmurent.

GUILLEVIC

Dans l'ensemble de son œuvre poétique, Guillevic (1907-1997) s'est appliqué à « tout rendre concret, palpable » à travers une écriture resserrée autour de mots simples. Ses premiers recueils, *Terraqué* (1942) et *Exécutoire* (1947) sont inspirés par la guerre et la Résistance.

91. « Tu te réveilles… »

Dans ce poème, le lecteur est confronté à une vision cauchemardesque du réel, chaotique et menaçante.

Tu te réveilles…

Tu vois encore de grands trous d'ombre,
Des gueules ouvertes, des dents de roches,
Un grand feu
Léchant le métal.

Tu as vu, retiré de la mer incendiée,
Le sel bouchant le noir des longs couloirs brûlés,
Le mouvement des grandes masses d'eau – tu te souviens

De la clameur[1] de leur défaite.
Tu glissais parmi le chaos,
Poussant les roches au rire,
Cherchant l'amitié du feu.

Tes flancs, ta bouche accouchaient les végétaux,
Les animaux criant d'espoir et s'en allant
Attendre la poussée de leur chair exigeante.

---

1. **Clameur** : bruit.

Tu faisais claquer la lagune[1] sur ta langue,
Tes doigts montaient dans les écorces,
Tu collais à ta peau
Toute l'argile.

Terraqué [1942], III, Gallimard, « Poésie », 1968.

1. **Lagune** : étendue d'eau.

ANDRÉ PIEYRE DE MANDIARGUES

Auteur de romans (*La Motocyclette*, 1963), de nouvelles (*Mascarets*, 1971), de pièces de théâtre (*Isabella Morra*, 1973) et d'essais d'art, André Pieyre de Mandiargues (1909-1991) mêle dans son œuvre le fantastique au quotidien et accorde un grand intérêt aux thèmes du sommeil, du rêve, ou de la rêverie.

92. Rêverie

La « Rêverie » qui suit est illustrée par un dessin de Bona de Mandiargues (1926-2000), peintre romaine et femme du poète. À moins que ce ne soit l'œuvre de l'artiste qui ait inspiré le poète.

Rêveusement je me retrouve en tant de chambres
Où la peau se plaisait à me boucher les yeux,

Et je n'y voyais plus qu'à ceux du bout des doigts
Que pour m'aveugler mieux me dessinait Bona.

Écriture ineffable [1993], Gallimard, « Poésie », 2010.

CLAUDE ROY

Ami d'Éluard, d'Aragon et de Supervielle, Claude Roy (1915-1997) publie ses premiers poèmes pendant la Seconde Guerre mondiale. Il pratique avec succès tous les genres littéraires (romans, essais, contes pour enfants, chroniques).

93. Mémoire nocturne

Malgré une légèreté apparente, avec des effets d'échos et de reprises qui miment une petite ritournelle, le poème qui suit exprime la nostalgie de l'enfance et l'angoisse de la mort.

Il y a dans les grands couloirs du souvenir
tant de clefs tant de portes et de voix et de cris
tant de passants obscurs et d'inquiets voyageurs
Je ne sais où frapper je ne sais où dormir
Ouvrez ouvrez enfin à celui qui attend
avant la fin du jour et d'échos en échos
les navires les trains gémiront sur la ville
Derrière cette porte une femme a chanté
la chanson celle-là que j'ai sue à vingt ans
La clef est au tableau Sur la pointe des pieds
Montez les marches l'escalier de la mémoire
qui grince comme les escaliers d'autrefois
tourne et tourne aux paliers de la mélancolie
Le tapis est usé et il n'est pas le seul
À l'étage au-dessus il y a une fille
j'entends marcher pieds nus l'enfant d'une autre vie
et je sais qu'elle est nue que ses cheveux dénoués
brillent dans le miroir au cadre de velours
À l'étage au-dessus il y a un garçon
et je l'entends siffler et je l'entends sortir
et les livres sont lourds les rues trop éclairées
L'autobus ralentit au coin du carrefour

Au travers de ces vies au travers de ces portes
il y aura plus tard le pas des spectateurs
qui sortent à minuit des cinés du quartier
Je n'ose pas frapper ici on fait l'amour
Une femme gémit La lumière s'éteint
La même lampe la même femme qu'autrefois
Tous les laitiers de Paris réveilleront
tous les amants dans les bras de celle qu'ils aiment
Changez de cavalier quand sonne le réveil
Changez de souvenir à chaque point du jour
Il faut se rendormir jusqu'au retour des boueux[1]
Je t'aimais tu m'aimais autrefois autrefois
Je te cherche et t'attends dans les longs corridors[2]
Mais tu n'es plus derrière aucune de ces portes
ni toi ni aucune autre absente que j'attends
À l'étage au-dessus j'ai reconnu la voix
et le ton et les mots que j'ai sus autrefois
À l'étage au-dessus j'ai rencontré les yeux
et l'espoir et la foi que j'avais autrefois
Je ne sais où frapper je ne sais où dormir
Je ne sais plus parler je ne sais plus mentir
Mais qu'elle s'ouvre enfin la porte close
derrière laquelle il y a un jardin
et des enfants qui jouent et un chien qui aboie
et le petit garçon qui donne sa tartine
à la petite fille aux cheveux de maïs.

Poésies [1970], Gallimard, « Poésie », 1971.

1. **Boueux** : éboueurs.
2. **Corridors** : couloirs.

YVES BONNEFOY

Après des études de mathématiques et de philosophie, Yves Bonnefoy (né en 1923) décide de consacrer sa vie à l'écriture. Traducteur, notamment des pièces de Shakespeare, il publie des essais sur l'art et la littérature. Il est également l'auteur d'une œuvre poétique riche et variée.

94. « Or, dans le même rêve… »

Dans la section des *Planches courbes* intitulée « La maison natale », Yves Bonnefoy fait alterner souvenirs d'enfance et récits de rêve. Il s'interroge alors sur le crédit à apporter à ces images. C'est le cas dans le poème suivant, le cinquième de la section.

Or, dans le même rêve
Je suis couché au plus creux d'une barque,
Le front, les yeux contre ses planches courbes
Où j'écoute cogner le bas du fleuve.
Et tout d'un coup cette proue se soulève,
J'imagine que là, déjà, c'est l'estuaire[1],
Mais je garde mes yeux contre le bois
Qui a odeur de goudron et de colle.
Trop vastes les images, trop lumineuses,
Que j'ai accumulées dans mon sommeil,
Pourquoi revoir, dehors,
Les choses dont les mots me parlent, mais sans convaincre,
Je désire plus haute ou moins sombre rive.

Et pourtant je renonce à ce sol qui bouge
Sous le corps qui se cherche, je me lève,
Je vais dans la maison de pièce en pièce,
Il y en a maintenant d'innombrables,
J'entends crier des voix derrière des portes,

1. **Estuaire** : embouchure d'un fleuve.

Je suis saisi par ces douleurs qui cognent
Aux chambranles[1] qui se délabrent, je me hâte,
Trop lourde m'est la nuit qui dure, j'entre effrayé
Dans une salle encombrée de pupitres,
Vois, me dit-on, ce fut ta salle de classe
Vois sur les murs tes premières images,
Vois, c'est l'arbre, vois, là, c'est le chien qui jappe,
Et cette carte de géographie, sur la paroi
Jaune, ce décolorement des noms et des formes,
Ce dessaisissement des montagnes, des fleuves,
Par la blancheur qui transit[2] le langage,
Vois, ce fut ton seul livre. L'Isis[3] du plâtre
Du mur de cette salle, qui s'écaille,
N'a jamais eu, elle n'aura rien d'autre
À entrouvrir pour toi, refermer sur toi.

Les Planches courbes [2001], « La maison natale », V,
Gallimard, « Poésie », 2003.

1. **Chambranles** : encadrements d'une porte.
2. **Transit** : paralyse.
3. **Isis** : déesse dans la mythologie égyptienne.

PHILIPPE JACCOTTET

Traducteur et critique littéraire, Philippe Jaccottet (né en 1925) est aussi l'auteur d'une œuvre poétique prônant une écriture simple et retenue (*L'Effraie*, 1953 ; *À la lumière d'hiver*, 1977).

95. « On aura vu aussi ces femmes... »

Dans ce poème extrait du recueil *À la lumière d'hiver*, le poète fait part au lecteur de ses visions sensuelles et rejette l'image stéréotypée du corps féminin véhiculée par la société de consommation.

On aura vu aussi ces femmes – en rêve ou non,
mais toujours dans les enclos vagues de la nuit –
sous leurs crinières de jument, fougueuses,
avec de longs yeux tendres à lustre de cuir,
non pas la viande offerte à ces nouveaux étals[1] de toile,
bon marché, quotidienne, à bâfrer[2] seul entre deux draps,
mais l'animale sœur qui se dérobe et se devine,
encore moins distincte de ses boucles, de ses dentelles
que l'onduleuse vague ne l'est de l'écume,
le fauve souple dont tous sont chasseurs
et que le mieux armé n'atteint jamais
parce qu'elle est cachée plus profond dans son propre corps
qu'il ne peut pénétrer – rugirait-il d'un prétendu triomphe –,
parce qu'elle est seulement comme le seuil
de son propre jardin,
ou une faille dans la nuit
incapable d'en ébranler le mur, ou un piège
à saveur de fruit ruisselant, un fruit,
mais qui aurait un regard – et des larmes.

À la lumière d'hiver [1977], « Chants d'en bas »,
Gallimard, « Folioplus classiques », 2011.

---

1. **Étals** : rayons des magasins.
2. **Bâfrer** : manger (populaire), consommer avec excès.

JACQUES RÉDA

Après des études de droit, Jacques Réda (né en 1929) exerce plusieurs métiers : il collabore notamment à des revues (*Jazz Magazine*, *Cahiers du chemin*) et travaille dans l'édition. Dès ses premiers recueils, *Amen* (1968) et *Récitatif* (1970), il porte une attention particulière aux rythmes, à la métrique traditionnelle, et définit sa poésie comme un art de la promenade, de l'errance.

96. La deuxième chambre

Dans le poème qui suit, extrait du recueil *Retour au calme* paru en 1989, Jacques Réda renoue avec l'alexandrin et propose un rêve en pleine nature.

L'érable[1] qui frémit devant notre fenêtre
Est comme une autre chambre où nous ne pénétrons
Qu'au moment de dormir et dans les environs
Du rêve, quand il est malaisé de connaître
Ce qui distingue l'âme et le corps, et la nuit.
Alors nous devenons peu à peu ce feuillage
Qui chuchote sans cesse et peut-être voyage
Avec notre sommeil qu'il héberge et conduit
Dans la profondeur même où les racines plongent,
Où vague sous le vent le sommet des rameaux[2].
Nous dormons, l'arbre veille, il écoute les mots
Que murmure en dormant l'arbre confus des songes.

Retour au calme [1989], Gallimard, « Blanche », 1989.

1. **Érable** : arbre des régions tempérées.
2. **Rameaux** : ramifications d'une branche d'arbre.

CHARLES JULIET

Né en 1934, Charles Juliet est placé très jeune dans une famille d'accueil. Cette situation fournit la matière première de son récit autobiographique, *Lambeaux* (1995). L'introspection est aussi au centre de sa poésie (*L'œil se scrute*, 1976; *Fouilles*, 1980), qui se caractérise par la concision et le dépouillement.

97. « un rien / songe-t-il… »

Le poème proposé ici traduit la perpétuelle quête de soi que poursuit Charles Juliet à travers l'écriture poétique.

un rien
songe-t-il

mais la vision
d'un chêne
de haute stature
déchiré
par la foudre

il suffirait
d'un rien

ce déclic suscité
par l'œil qui se ferme
et la vitre se briserait
et je pourrais m'étreindre
revêtir mon visage
marcher d'un même pas

un rien
songe-t-il
ce serait la fusion
et je me loverais[1]
m'embraserais
dans mon œil

Fouilles [1960-1965], P.O.L., 1998.

1. **Me loverais** : me blottirais, me recroquevillerais.

BRUNO MARASCOTTI

Bruno Marascotti (né en 1953) publie à vingt et un ans seulement *Entre les mâchoires du ciel*, œuvre qui recueille ses premiers poèmes, et dans laquelle se lisent sa révolte et sa quête d'absolu. Un an plus tard, il fait paraître un autre recueil, *Le Velours intérieur*.

98. « Oniris-oniros »

Le titre énigmatique de ce poème en vers libres peut laisser croire au lecteur que le poète se place sous la protection d'un dieu du rêve. Pourtant, à la fin du texte, il décide de renier ses songes passés et de rejeter toute forme d'interprétation onirique.

Sur les routes pleines de l'encens[1] des campagnes
J'ai jonglé avec les galettes remplies de fèves étoilées
Et j'ai ri avec elles
Du rire vrai des fillettes
Celles qui comme moi jonglent
Avec l'Oméga[2] des fontaines publiques

J'ai rêvé des choses folles
Le retour de Maïr
Le martellement des ruelles par les sabots d'un centaure[3]
Ou l'accouchement d'un Mutant
J'ai créé

---

1. **Encens** : résine qui, en brûlant, dégage un parfum fort.
2. **Oméga** : dernière lettre de l'alphabet grec ; par extension ce qui est en dernière position.
3. **Martellement** : action de frapper, comme à coups de marteau ; **centaure** : dans la mythologie, créature à buste d'homme et corps de cheval ; par extension, le terme désigne un cavalier.

Les Apocalypses[1] à venir
Les Tyrans[2] croulant sous le poids de leurs crimes
Et surtout des enfants heureux
J'ai inventé
Des coléoptères[3] d'argent qui battent le soir
Avec leurs ailes de chiffons
Et écrit
Des sorcières ramasseuses
de fagots pourris
de brasiers[4] éteints
S'envolant à la lueur de mille lunes rouges[5]
Sous la conduite d'Anémones[6] mystérieuses
Échappées d'une mer sans doute très agitée
Les crânes chauves peuplaient la maison légère
À l'intérieur
Les enfants du Grand Visage
Ces morceaux de viande nerveuse
Mendiaient
Quelques milligrammes d'Affection
Quelques atomes d'Amour
Au prince de la Nuit
Je suis revenu de là-bas depuis
J'ai enfoui mes rêves dans une poche trouée
Et dans la position de l'œuf
Je t'ai attendu sur la jetée

---

1. **Apocalypses** : catastrophes, désastres ; au singulier, l'Apocalypse réunit les textes anciens du judaïsme et du christianisme qui prédisent la fin du monde.
2. **Tyrans** : dans l'Antiquité, chefs militaires qui prennent le pouvoir d'une cité par la force ; par extension, le terme désigne des personnes qui abusent de leur autorité.
3. **Coléoptères** : insectes.
4. **Brasiers** : feux de braises.
5. Dans la croyance populaire, la lune rouge est le signe du diable et synonyme de malheur.
6. **Anémones** : plantes aux fleurs colorées et dont il existe une espèce sous-marine. Dans la mythologie, l'anémone serait née du mélange des larmes de Vénus, déesse de la beauté, et du sang du jeune Adonis.

Au milieu des détritus et des taches de cambouis
Je me suis fait morve solaire pour peindre la plage frileuse
en espérant que tu viendrais.

Entre les mâchoires du ciel [1974], Plasma, 1974.

JEAN-YVES MASSON

Jean-Yves Masson (né en 1962) est traducteur, professeur à l'université, poète et auteur de roman (*L'Isolement*, 1996), de nouvelles (*Ultimes vérités sur la mort du nageur*, 2007) et d'essais. Sa poésie interroge souvent le mystère de la nuit, de l'être et de la mort.

99. « Rêve qui de nouveau as pris ma main… »

Dans ce recueil placé sous le signe symbolique du chiffre neuf, le passé du poète ressurgit et les rêves paraissent le guider sur la voie de la connaissance et susciter l'espoir d'une renaissance. Dans ce poème, la mère semble faire ses adieux au poète, au détour d'une forêt.

Rêve qui de nouveau as pris ma main, qui m'as mené par la forêt
obscure,
à présent je dois me confier à cette chance que tu fus.
C'était au bord de la forêt de mon enfance. Ma mère

à l'orée[1] d'un chemin dormant : *Veux-tu rentrer ?* me disait-elle.
Allons, il se fait tard, il est grand temps.
Mais comme j'étais étonné de la voir prendre

un chemin qui nous éloignait de la maison : *C'est juste,*
se reprenait-elle, *ce chemin-ci n'est pas pour toi.* Et dans la nuit
où je m'en retournais en larmes, éclataient cent et une roses.

Neuvains du sommeil et de la sagesse [2007],
Cheyne Éditeur, « Verte », 2007.

1. **Orée** : bord, lisière.

AXEL TUFFÉRY

Professeur de mathématiques et poète, Axel Tufféry (né en 1973) publie dans plusieurs revues littéraires comme *La Passe* ou *L'en-je lacanien*, des poèmes qui renouent souvent avec la rime.

100. Maintenant

Dans le texte suivant, variante du sonnet, le poète semble poursuivre, à travers l'écriture, le travail psychanalytique en exprimant la difficulté à déchiffrer l'énigme des rêves.

Maintenant : c'est l'éveil : abrègement des rêves
À clé – mais qui n'ouvrait, enfin ! sur nul fin mot
De l'énigme – intrigants labyrinthes sans trêves,
Qui vous divisiez en maint subtil rameau
De chiffrage et promettiez des plaies pansées[1] –
Qui aboutissiez au dernier hameau
D'attentes et de déchéances condensées –
Une erreur sur le deux attire ici les maux.

Et la révélation s'abolit au néant
De la révélation – c'était une passion –
C'est une perte enfin – dans un soleil béant[2]

J'offre mon âme à une expéraimantation[3]
Des traînées folles de limaille[4] des pensées –
Et jette au poteau noir les prophéties sensées.

L'en-je lacanien n° 14, janvier 2010.

---

1. **Pansées** : soignées.
2. **Béant** : grand ouvert.
3. **Expéraimantation** : mot-valise formé à partir de « expérience » et de « aimantation ».
4. **Limaille** : matière formée des particules de métal détachées par le frottement de la lime.

Arrêt sur lecture 3

Pour comprendre l'essentiel

Des rêves « à grand spectacle »: un imaginaire débridé

❶ Les poètes surréalistes défient souvent les lois de la logique dans leurs textes. Relevez plusieurs exemples d'incohérences, de formules improbables et d'images insolites dans les textes 75, 77 et 78.

❷ Certains poèmes présentent des images de labyrinthe ou d'escalier. Repérez-les et montrez qu'elles illustrent la mise en abyme des rêves, qui se démultiplient ou s'imbriquent les uns dans les autres.

❸ Les rêves et les pensées sont parfois personnifiés. Analysez comment ils sont représentés dans les textes 68, 77 et 78.

Constructions et déconstructions du rêve et du poème

❹ Le rêve accumule souvent des images sans lien évident les unes avec les autres. Montrez comment cette idée se manifeste en étudiant les procédés d'accumulation et d'amplification dans les textes 72 et 79.

❺ Le rêve traduit parfois l'expérience douloureuse de la séparation ou un sentiment de dépossession de soi. Repérez les textes concernés, puis classez-les en précisant s'ils mettent en scène la disparition d'un personnage (fictif ou symbolique) ou la perte de contrôle et d'identité du poète.

❻ Les poètes contemporains renouvellent les formes poétiques classiques. Montrez comment, dans leurs récits de rêve, Apollinaire (textes 68 et 69) et Masson (texte 99) modernisent la métrique et les formes traditionnelles de la poésie. Analysez aussi le travail sur le rythme dans les textes 71, 72 et 90, écrits en versets ou en vers libres.

La lucidité du poète contemporain face au rêve

❼ Dans leurs récits de rêve, certains poètes recourent à l'humour, à l'autodérision ou à l'ironie. Observez comment procèdent Apollinaire (texte 68), Michaux (texte 85), Prévert (texte 88) et Queneau (texte 89), et montrez que cette posture révèle leur prudence ou leur méfiance à l'égard de toute interprétation des rêves.

❽ Le rêve semble parfois tenu à distance, comme si le poète, désabusé, lui résistait et ne voulait plus se laisser séduire par ses images mensongères. Analysez ainsi la manière dont Aragon (texte 81) et Marascotti (texte 98) renient leurs rêves passés.

❾ Certains poètes font preuve de lucidité et abandonnent la croyance antique qui voyait dans le rêve une prémonition ou une révélation. Mettez-le en évidence dans les textes 73, 94, 97, 98 et 100.

Rappelez-vous !

• Au début des années 1920, sous l'égide d'André Breton, les **poètes surréalistes** cherchent à libérer la littérature de tout contrôle, de toute logique et de toute contrainte. Ils s'émancipent des règles de syntaxe ou de versification. Le **recours au rêve**, qu'il soit provoqué par l'**hypnose** ou assimilé à la pratique de l'écriture automatique, devient ainsi un moyen privilégié de création d'images poétiques.

• Les poètes contemporains semblent être en **quête de formes nouvelles** : abandon des coupes régulières (Cassou), de la ponctuation (Apollinaire) ou de la rime (Éluard), prédilection pour la **prose** (Michaux), le **vers libre** (Reverdy) ou le **verset** (Saint-John Perse). Certains privilégient le **minimalisme** (Juliet), renouent avec la **musique** (Senghor) ou réhabilitent d'**anciennes formes poétiques** (neuvains et onzains de Masson).

Vers l'oral du Bac

Analyse du poème « J'ai tant rêvé de toi » de Desnos, p. 196-197

☛ Montrer comment le recours au rêve renouvelle l'éloge amoureux traditionnel

Conseils pour la lecture à voix haute

– Certaines phrases sont assez longues et nécessitent de faire des pauses pour donner un rythme à votre lecture. Ne vous fiez pas toujours à la ponctuation, que le poète utilise de manière variable.

– Malgré le point, les troisième et quatrième phrases n'en forment qu'une. Il faut donc éviter de marquer une pause à ce moment de la lecture. À l'inverse, lignes 11-12, faites une très légère pause entre « de la vie et de l'amour » et « et toi » pour indiquer la rupture syntaxique.

– Le poème est construit sur des effets d'échos, des reprises et des amplifications qu'il faut mettre en avant. Pensez par exemple à faire entendre l'anaphore « J'ai tant rêvé de toi » en début de strophe.

Analyse du texte

■ *Introduction rédigée*

La création de la revue *Littérature* en 1919 par Aragon, Breton et Soupault puis la pratique de l'écriture automatique et collective dans *Les Champs magnétiques* marquent la naissance du surréalisme, mouvement défini par Breton dans ses deux *Manifestes* (1924 et 1929) comme une « dictée de la pensée, en l'absence de tout contrôle exercé par la raison, en dehors de toute préoccupation esthétique ou morale ». Les surréalistes marquent donc leur intérêt pour l'imaginaire, le merveilleux, l'inconscient et le rêve ; un intérêt qui se manifeste notamment dans le poème de Robert Desnos, « J'ai tant rêvé de toi », publié en 1930 dans le recueil *Corps et Biens*.

Ce texte, probablement adressé à Yvonne Georges, une chanteuse de music-hall, renouvelle l'éloge traditionnel de la femme aimée. En effet, si l'héritage lyrique apparaît parfaitement assumé par le poète, le recours au rêve confère au texte une étrangeté singulière qui semble condamner les amants à une union dans la mort.

Analyse guidée

I. Un poème ancré dans la tradition lyrique

a. S'inscrivant dans la tradition lyrique, Desnos s'adresse ici directement à la femme aimée. En vous appuyant sur les différents champs lexicaux de la sensualité et sur les expressions (hyperboles, emphases) qui vantent la puissance de la femme, montrez qu'elle inspire au poète abandon et dévouement.

b. Le chant d'amour se double d'une peur du temps qui passe. Observez comment les marqueurs temporels ponctuent le texte, et analysez le jeu sur les mots « tant » et « temps » (l. 10).

c. Dans ce poème, Desnos s'écarte des règles traditionnelles de la versification. Montrez comment les harmonies sonores (répétitions, assonances, allitérations) et la régularité du rythme contribuent toutefois à la musicalité du poème.

II. Un chant d'amour à l'étrangeté onirique

a. L'ensemble du poème est placé sous le signe de l'ambiguïté du rêve. Relevez puis analysez l'effet produit par l'emploi des modalisateurs, des verbes au conditionnel et par l'image centrale des « balances » (l. 9).

b. L'étrangeté du poème tient aussi au caractère énigmatique de certains passages. Analysez par exemple le lien de cause à effet exprimé dans la première phrase, et les significations possibles de la métaphore finale.

c. « J'ai tant rêvé de toi » est extrait de la section de *Corps et Biens* intitulée « À la mystérieuse ». Le poète s'adresse ici à une femme qui n'est jamais nommée ni décrite. Étudiez les procédés (antithèses, oxymores) qui font d'elle un être intouchable, inaccessible, voire inexistant.

III. Du rêve d'amour à l'union dans la mort ?

a. Le lecteur, qui peut douter de l'existence de la femme à laquelle s'adresse le poète, en vient même parfois à se demander s'il ne s'agit pas d'une morte. Dites comment les expressions qui la désignent confirment cette impression.

b. Le poète semble s'effacer progressivement. Montrez que son obsession semble peu à peu le déposséder de son identité en vous appuyant notamment sur l'emploi du pronom personnel « je » et l'analyse de l'anaphore (l. 1, 4, 10, 15).

c. Le rêve d'un amour impossible semble finalement se muer en un désir d'union dans la mort. Prêtez attention à l'évolution des modes et des temps verbaux ainsi qu'à la dimension tragique de la dernière phrase pour expliquer comment le poète imagine rejoindre la femme aimée.

■ *Conclusion rédigée*

L'alliance d'un chant sensuel et de l'expression mélancolique de la solitude fait de ce poème l'héritier de la tradition lyrique. Cependant, l'étrangeté du rêve et de l'écriture surréaliste lui confère une ambiguïté originale qui amène le lecteur à douter du sens qu'il doit donner à ce poème. Le texte défie en apparence les lois de la raison et de la logique mais son harmonie et sa musicalité le distinguent des premières proses surréalistes, parfois purement insensées et incompréhensibles.

Les trois questions de l'examinateur

Question 1. Dans quelle mesure peut-on considérer ce poème comme une réécriture du sonnet de Verlaine, « Mon rêve familier » (texte 53) ?

Question 2. L'éloge de la femme aimée constitue un thème traditionnel (*topos*) de la poésie lyrique, qui repose sur l'expression personnelle de sentiments passionnés, tantôt heureux, tantôt malheureux. En vous appuyant sur les textes de l'anthologie et sur vos connaissances personnelles, présentez quelques exemples de ce type de poèmes.

Question 3. Observez l'œuvre de Magritte reproduite en couverture. Elle porte le nom de Shéhérazade, la conteuse des *Mille et une nuits*. Pourquoi peut-on soutenir que le rapport entre l'œuvre et son titre est, comme le souhaitait le peintre, essentiellement poétique ? Comment ce tableau évoque-t-il le mystère de l'identité ?

Le tour de l'œuvre en 7 fiches

Sommaire

Fiche 1

Le rêve en 22 dates

VIIIe s. av. J.-C.	*L'Odyssée*, épopée d'Homère.
Ier s. av. J.-C.	*L'Énéide*, épopée de Virgile.
IIe s. ap. J.-C.	*Oneirokritica*, premier ouvrage d'interprétation des rêves par Artémidore d'Éphèse.
Vers 1130	Apparition du verbe « resver » qui signifie alors « délirer » ou « vagabonder ».
Début XIIIe s.	*Le Songe d'enfer*, récit allégorique de Raoul de Houdenc.
1533	*Le Songe de la vie humaine*, dessin de Michel-Ange.
1558	« Le songe », poème de Joachim Du Bellay publié dans *Les Antiquités de Rome*.
XVIIe s.	Apparition du sens moderne de « rêver » : « voir en songe ».
1633	*La vie est un songe*, pièce de Pedro Calderón.
1655	*Le Rêve du chevalier*, tableau d'Antonio de Pereda.
1782	*Le Cauchemar*, tableau de Johann Heinrich Füssli.
1797	*Le sommeil de la raison engendre des monstres*, gravure de Francisco de Goya.
1842	*Gaspard de la Nuit*, recueil de poèmes en prose d'Aloysius Bertrand.
1866	« Mon rêve familier », poème de Paul Verlaine paru dans *Poèmes saturniens*.
1890	*Les Yeux clos*, tableau d'Odilon Redon.
	Le Sommeil, sculpture d'Auguste Rodin.
1899-1900	*L'Interprétation des rêves*, ouvrage de psychanalyse de Sigmund Freud.
1924	Parution de récits de rêve dans la revue *La Révolution surréaliste*.
1929	*Un chien andalou*, film de Luis Buñuel et Salvador Dalí.
1935	*La Rêveuse à la blouse romaine ou le Rêve*, tableau d'Henri Matisse.
1944	*Rêve causé par le vol d'une abeille autour d'une pomme-grenade une seconde avant l'éveil*, tableau de Salvador Dalí.
2001	*Mullholand Drive*, film de David Lynch.
2010	*Inception*, film de Christopher Nolan.

Fiche 2

Petite histoire du rêve

De l'Antiquité à la Renaissance

Durant l'Antiquité, le rêve est lié à l'expression divine. Selon la mythologie, le dieu des songes, Morphée, fils d'Hypnos (le sommeil) et de Nyx (la nuit), a la charge de transmettre des messages aux dormeurs, les prévenant d'un danger ou leur indiquant une décision qu'ils doivent prendre. **La plupart des philosophes grecs accordent du crédit au rêve.** Ils distinguent les songes mensongers qui passent par la porte d'ivoire, des songes véridiques qui empruntent la porte de corne. Diogène (v. 413-327 av. J.-C.) est le premier à remettre en cause cette croyance. À sa suite, Aristote (v. 384-322 av. J.-C.) conteste la conception divine du rêve et récuse tout autant l'orphisme, religion qui considérait que l'âme, libérée pendant le rêve, voyageait dans le royaume des morts.

Dès le ve siècle avant J.-C., le médecin Hippocrate s'intéresse au rêve et l'associe à une pratique thérapeutique : il faisait dormir les malades dans des temples jusqu'à ce qu'ils soient visités en rêve par Asclépios, dieu de la médecine. Ils se réveillaient alors guéris.

Les textes des grandes religions monothéistes considèrent encore le rêve comme un moyen de révélation ou de prophétie. Dans la Bible, lignées et descendances sont annoncées en rêve, comme à Booz par exemple (voir texte 36). Mais, au Moyen Âge, le lien entre le corps, la sexualité et le rêve entraîne souvent sa diabolisation.

Avec la redécouverte de l'Antiquité par les humanistes et la vogue du néoplatonisme (relecture chrétienne de l'œuvre de Platon) au XVe siècle, le songe retrouve ses lettres de noblesse. Selon cette pensée, les réalités terrestres ne sont en effet que les reflets imparfaits de la perfection céleste à laquelle l'amour permet d'accéder. L'expression du désir amoureux dans la poésie de la Renaissance (Ronsard, Du Bellay), qui prend parfois la forme de rêves érotiques ou sensuels, traduit ainsi souvent une aspiration à une élévation absolue.

Du XVIe au XVIIIe siècles : baroques, classiques et rationalistes

Dès le XVIe, les auteurs et les artistes baroques, sensibles à l'instabilité du monde, sont attirés par le rêve. Pour eux, il est le miroir de la réalité, de ce monde qui n'est qu'un vaste théâtre. « Qu'est-ce que cette vie ? » demande ainsi Des Barreaux avant de répondre : « C'est un songe qui dure un peu plus qu'une nuit » (texte 27). Le goût des poètes baroques pour la provocation les pousse par ailleurs à une certaine outrance : Viau ne renonce à aucune incohérence pour peindre ses visions (voir texte 21). Mais le recours au rêve leur permet aussi de méditer sur le sens de la vie.

Les penseurs classiques du XVIIe siècle partagent avec leurs prédécesseurs cette conscience aiguë de l'illusion qui trompe les hommes. Le philosophe René Descartes (1596-1650), dans ses *Méditations métaphysiques*, s'étonne ainsi de ne pouvoir « distinguer nettement la veille d'avec le sommeil » (voir p. 260-261). Les moralistes, tels La Rochefoucauld et Jean de La Bruyère, se méfient du rêve ou condamnent ses mensonges et ses pièges qui poussent à perdre la raison.

Héritiers du rationalisme des classiques, les philosophes des Lumières se préoccupent plus de sciences exactes, de découvertes et de progrès que de divagations oniriques. Dans L'*Encyclopédie* (1759-1781) de Diderot (1713-1784), l'article consacré au « songe » comprend ainsi des explications physiologiques qui tentent d'expliquer le mécanisme des sensations. En marge de cette pensée rationnelle, Rousseau (1712-1778) laisse cependant libre cours à sa sensibilité et à ses émotions dans *Les Rêveries du promeneur solitaire* (1776-1778), sortes de rêves éveillés du poète en osmose avec la nature.

Du romantisme à nos jours

Les auteurs romantiques, à la différence des philosophes des Lumières, exaltent la liberté artistique et l'imagination. Les artistes s'enthousiasment pour le Moyen Âge et ses images gothiques (voir texte 37) et pour un Orient exotique, source de rêveries (voir texte 34). Leur fascination pour la nuit et l'occulte, leur goût pour l'étrange (voir texte 38) et l'introspection les poussent très fréquemment à des **descriptions oniriques, à l'invention ou au récit de prétendus rêves aux allures fantastiques**.

De même que le rêve permettait chez les Anciens de communiquer avec les dieux, **les poètes symbolistes (Rimbaud, Mallarmé) accèdent, grâce à leurs visions, à un monde inconnu**. L'analogie et le symbole sont alors les moyens les plus appropriés, en poésie, pour suggérer une réalité supérieure.

Dans le même temps, avec la publication de *L'Interprétation des rêves* (1899-1900), le psychanalyste Sigmund Freud (1856-1939) réhabilite totalement le rêve, dont il fait un objet d'analyse et une voie d'accès privilégiée à l'inconscient. D'après lui, le rêve réactive et comble une part d'insatisfaction du vécu quotidien ou d'un désir plus lointain. Freud propose une explication à l'étrangeté des rêves par ce qu'il appelle le « travail du rêve », soit le cryptage, le déguisement du « contenu latent » des rêves, de leurs pensées inconscientes et sous-jacentes, en « contenu manifeste ». Autrement dit, **le rêve permet de déjouer la censure qu'exerce la conscience**, en empruntant des voies détournées, procédant par déplacement (une personne apparaît à la place d'une autre), condensation (une image en comprend plusieurs), ou symbole (voir p. 264-265). Le travail de Freud nourrit ceux de Carl Jung (1875-1961) et de Jacques Lacan (1901-1981). Ce dernier met l'accent sur le fonctionnement similaire de l'inconscient et du langage, du rêve et de la poésie.

Après la Première Guerre mondiale, les surréalistes, (Breton, Éluard, Soupault) avancent l'idée selon laquelle le rêve libère l'être, et qu'il est même la vraie vie. Contrairement à leurs prédécesseurs, ils livrent des récits de rêve à l'état brut, s'abstenant surtout de corriger les images surgies (voir texte 78). L'écriture automatique née du «sommeil hypnotique» est ainsi censée donner accès directement à l'inconscient qui laisse les idées s'associer librement. Délibérément provocantes, ces entreprises bouleversent en outre le statut de l'auteur et de son œuvre.

Après la Seconde Guerre mondiale, le rêve entre dans une ère du soupçon. Tantôt les théories freudiennes sont contestées, tantôt l'univers des rêves est soupçonné de se substituer à l'authenticité du monde présent: les poètes (Jaccottet, Bonnefoy) nourrissent désormais une attitude ambivalente à l'égard du rêve, de ce «là-bas» illusoire, qu'ils ne renient qu'après l'avoir emprunté (voir textes 95 et 98). Mais tandis que les artistes s'attellent à déconstruire ce que la tradition a forgé, le rapport au rêve est renouvelé par le succès des espaces virtuels où se multiplient les mondes parallèles (jeux vidéos ou réseaux sociaux sur Internet).

Fiche 3

Les thèmes de l'anthologie

Le rêve : l'expression du désir

Dans certains textes de l'anthologie, le sommeil est décrit comme un espace apaisant, qui permet au dormeur de fuir le réel. Se représentant parfois dans un lit (Marot, texte 9 ; Saint-Amant, texte 24), les poètes appellent de leurs vœux le sommeil et ses rêves vainement consolants. Consciente du caractère fallacieux de certains songes, Louise Labé (texte 17) préfère pourtant leur doux mensonge à une réalité décevante.

Quand le sujet a trouvé le sommeil, il rêve le plus souvent d'amour, et ce quelle que soit l'époque. Dans la poésie lyrique du Moyen Âge, le rêve de la femme courtisée reflète souvent le caractère inaccessible de cette dernière et traduit l'obsession qu'elle suscite alors, à moins que le poète ne profite du rêve pour conjuguer son bonheur au futur (Machaut, texte 5). **Parfois audacieuse, l'écriture du rêve peut privilégier la douceur et la sensualité.** Ronsard anime ainsi à plaisir « l'idole gaillarde » apparue en songe, qui « tirant sa langue frétillarde, / [le] baisotait d'une lèvre mignarde / Bouche sur bouche, et flanc sus le flanc » (texte 15). Plus provocant, Viau compose un calembour et joue sur le double sens du mot « nue » (substantif signifiant « nuage » ou adjectif féminin renvoyant à la nudité, texte 23). Enfin, chez les surréalistes, la femme aimée, fabuleuse, se prête à toutes les métamorphoses : tour à tour femme sirène puis femme serpent aux « bras innombrables » dans le rêve de Breton, par exemple (texte 79).

Le cauchemar : la manifestation de l'angoisse

L'imaginaire des cauchemars est très fortement marqué par la récurrence des bestiaires. Dans *La Chanson de Roland,* Charlemagne voit « des léopards, des ours [...] / et des serpents, des vipères, des dragons, démons / et des griffons, plus de trente mille » qui veulent dévorer ses hommes et se ruent sur eux. Le sentiment d'angoisse face à un monde déréglé se lit, chez les poètes baroques, dans des unions contre-nature (voir texte 21), tandis que les romantiques font fourmiller insectes ou « hiboux roux » dans des tableaux mystiques, sanguinolents et gothiques (voir texte 41). **L'association des animaux à des images de chaos** se retrouve chez Éluard (texte 76). Le poète qui cherche, semble-t-il, à échapper à sa condition, à une humanité cauchemardesque, en vient « pour [s]e sauver à rêver d'animaux ». Desnos, quant à lui, perd le lecteur dans une représentation vertigineuse du rêve, en recourant au motif du sphinx, créature mythologique incarnant l'énigme (texte 87).

Cependant, le cauchemar, en poésie, n'est pas toujours le lieu où se déchaînent les imaginations les plus folles. Il traduit aussi des

angoisses réelles. L'expérience de la guerre nourrit ainsi l'horreur des visions de Guillevic (texte 91). Peut-être plus émouvant que le cauchemar spectaculaire, le rêve déceptif fait entendre une certaine sincérité. Dans sa ballade, Pisan (texte 6) raconte ainsi comment Morphée conforte son mauvais pressentiment en lui annonçant l'infidélité de son ami. Dans «Le milieu de la nuit» de Supervielle (texte 70), on lit l'inquiétude du poète moderne, privé des repères du langage et dépossédé de lui-même. **Les poètes qui expriment des rêves déçus donnent parfois à entendre leur amertume**. Certains prennent même une nette distance ironique pour manifester leur désenchantement. Cros, s'adressant à son chat, révèle ainsi au lecteur la surprise de sa situation amoureuse triangulaire (texte 49).

La peur de la mort ou les souvenirs des deuils nourrissent aussi les rêves des poètes. L'Hermite représente clairement sa propre perte dans de sombres paysages (texte 28). Sans atteindre ce point ultime, d'autres poèmes présentent un sujet menacé par la mort. Dans la *canso* de Guillaume IX d'Aquitaine (texte 2), le «je» qui se croit à l'agonie part ainsi en quête d'un médecin. On trouve en outre l'idée plus générale que le rêve consume l'âme; tel est peut-être le sens de la rime «songer/ronger» (textes 16 et 31) ou de la figure allégorique employée par Valéry (texte 66): à mesure que la jeune femme déroule sa bobine et file son rêve, à mesure que l'ouvrage prend forme, elle s'éteint peu à peu. **Enfin, la mort des êtres chers hante l'imaginaire poétique. Le rêve et l'expression poétique semblent ainsi participer du travail de deuil.** Sans doute les apparitions de la mère, dans les neuvains de Masson (texte 99), aident-elles le rêveur à accepter la séparation dans la vie réelle.

Le rêve d'évasion: expérience de l'ailleurs et de l'altérité

Voyages immobiles, le rêve et la poésie permettent d'échapper au réel. «Fuir! là-bas fuir!» s'exclame le poète en quête d'absolu (Mallarmé, texte 50). Et les prisonniers, Charles d'Orléans (texte 7) et Cassou (texte 84), d'imaginer des rêves d'envol qui les affranchissent de leur cellule. **Rêve et poésie se rejoignent dans des poèmes qui ouvrent sur un ailleurs**, sur des «rivages heureux», sur «une île paresseuse» (texte 44) ou sur une capitale méconnue (texte 71). À deux, l'escapade rêvée (texte 58) participe de la fiction amoureuse et l'invitation au voyage peut mener au transport amoureux: «Partons à cheval sur le vin / Pour un ciel féerique et divin!» s'exclame Baudelaire dans «Le vin des amants» (texte 45).

Le rêve permet tous les voyages, y compris dans le temps. Dans «Fantaisie» (texte 38), Nerval décrit le mécanisme de la réminiscence, du souvenir né d'une sensation. Un air de musique fait ainsi surgir dans l'esprit du poète un peu rêveur une autre existence, une autre époque, celle de Louis XIII, et une femme énigmatique « déjà vue » alors.

Enfin, rêver d'ailleurs, c'est bien sûr rêver de l'autre. La femme incarne souvent le mystère, notamment lorsqu'elle échappe à toute représentation, comme dans le rêve « étrange et pénétrant » de Verlaine : « Est-elle brune, blonde ou rousse ? – Je l'ignore » (texte 53), ou lorsqu'elle fait douter le rêveur de sa propre existence (voir texte 86). **Assister au spectacle du sommeil de l'autre, *a fortiori* de l'être aimé, constitue en outre une expérience troublante** puisque le dormeur n'offre au spectateur de son sommeil qu'une étrangeté radicalement impénétrable. Banville (texte 48) s'inquiète de savoir s'il accompagne la jeune femme dans ses « songes d'amour ». Un même sentiment d'étrangeté voire d'exclusion semble animer Aragon qui utilise la métaphore de la terre inconnue et interdite : « Et je me dis / Qu'elle reste pareille aux marches du silence / Qui m'échappe pourtant de toute son enfance / Dans ce pays secret à mes pas interdit » (texte 82).

Fiche 4

Poésie, rêve et quête du sens

Le rêve et la poésie ont ceci de commun qu'ils invitent à **une entreprise de décodage, de déchiffrement et d'interprétation**. Comme le rêve, et contrairement aux autres genres littéraires, la poésie ne semble pas soumise aux contraintes de cohérence et de logique. Le lecteur et le rêveur refusent d'accepter que le texte ou le rêve ne fasse pas sens.

Construire le sens du rêve et du poème

En poésie, la frontière qui sépare le rêve du réel est loin d'être toujours nette. La première ambiguïté qui rend la quête du sens périlleuse tient au fait que le « je » qui s'exprime est souvent considéré comme renvoyant simplement à la personne même du poète. Certains poètes prennent ainsi plaisir à se mettre en scène. C'est le cas de Villon (texte 8), qui se figure écrivant le texte que le lecteur est en train de lire, et de Saint-Amant (texte 24). **La frontière entre le réel et la fiction devient ainsi assez ténue.** Dans les textes à tonalité fantastique, le poète se joue d'ailleurs intentionnellement de l'hésitation du lecteur qui s'interroge sur la réalité de la description fournie. La vision apocalyptique proposée par Viau (texte 21) relève-t-elle du cauchemar ou doit-elle faire douter de la bonne santé mentale de l'observateur ?

Enfin, le songe sert régulièrement de comparant pour exprimer l'instabilité du monde réel. Chassignet compare ainsi « l'ombrage remuant, inconstant et peu stable » du rêve à la vie (texte 20). Aussi les rêves des poèmes cherchent-ils souvent à susciter le vertige du lecteur, un vertige que Verlaine pousse à son paroxysme dans « Kaléidoscope » (texte 55) en multipliant les images et les effets de télescopage.

La distinction parfois à peine perceptible entre effets oniriques et poétiques rend la quête du sens particulièrement ardue. L'aspect troublant des rêves vient souvent du fait qu'ils paraissent avoir maquillé un scénario ou une pensée clairs en symboles obscurs. À cette opacité du rêve s'ajoute le mystère de l'écriture poétique. Le poète, par son travail sur les mots et les images, déforme-t-il gratuitement le réel ou rend-il compte d'une perception différente du réel ? Parfois, le poème vient en effet redoubler l'énigme du rêve. Dans d'autres textes, on peut se demander ce qui reste du travail poétique lorsque le récit de rêve se donne à l'état brut (voir texte 78).

Le rêve et la poésie témoignent parfois d'une expérience saisissante du non-sens qui n'engage pas forcément un travail de décodage. Dans sa *canso* (texte 2), Guillaume IX d'Aquitaine rend compte d'une situation inexplicable : il prétend avoir composé son poème en dormant, à cheval. L'abondance des antithèses et des tournures négatives traduit l'incompréhension et l'ignorance du locuteur et confronte le lecteur à l'épreuve radicale de l'inintelligible.

Rêve et poésie : quête d'identité et quête esthétique

Depuis l'avènement de la psychanalyse au début du XXe siècle, le rêve et la poésie apparaissent comme les voies privilégiées de la quête de soi. Dans le texte de Juliet, la phrase: « et je pourrais m'étreindre / revêtir mon visage » (texte 97) reflète ainsi le désir de se comprendre. Supervielle souligne les difficultés d'un tel dessein, en évoquant souvent la division de l'être, menacé de dissolution, et le sentiment troublant d'étrangeté à soi-même : « Je suis ailleurs jusqu'en mes profondeurs / Et je me sens tellement insolite » (texte 70). Plus sarcastique, Apollinaire imagine un repas où seraient servis « des rôtis de pensées mortes dans [s]on cerveau / [S]es beaux rêves morts-nés en tranches bien saignantes / Et [s]es souvenirs faisandés en godiveaux » (texte 68). **Au fil des récits de rêve, le poète semble ainsi poursuivre une quête de soi.** Le rêve confronte en effet le poète à sa propre énigme; il semble rechercher une clé pour se déchiffrer et ne pas se perdre, dans ses « intrigants labyrinthes sans trêves » (texte 100).

Chercher ce qui donne sens à sa vie ou confère une unité à son être s'inscrit parfois dans une vaste quête des origines. Le rêve et son écriture permettent aux poètes (Jammes, Roy, Masson) de faire renaître leurs souvenirs. Parfois, quand le sujet se représente ses origines, la situation devient cocasse. Prévert voit ainsi sa mère se marier et se reproche d'avoir raté la fête alors que « bien sûr, [il] n'étai[t] pas invité » (texte 88).

Extraire le sens implique une expression singulière. Le poète semble en quête d'un autre langage. « Je rêve [...] / De vers blonds où le sens fluide se délie », écrit Samain (texte 62). La poésie serait donc le langage le plus approprié pour dire le rêve puisqu'elle dit toujours plus qu'il ne paraît, comme le contenu latent du rêve est toujours plus riche que son contenu manifeste (voir fiche 2). L'emploi fréquent de métaphores, la synesthésie des sensations (voir texte 44), le jeu sur le sens des mots (voir texte 60) ou sur les effets sonores, les calembours (voir texte 89), les néologismes, le travail sur le rythme : par tous ces procédés, le poète semble chercher à exprimer le plus d'émotions et à décrire le plus de visions possibles.

Rêve et poésie : donner un sens à la vie, « donner un sens à ce qui est »

La liaison entre la poésie, le rêve et le sacré est ancienne. Pour les Anciens, rêveurs et poètes sont en effet les interlocuteurs de Dieu. À la Renaissance, on pense que le poète est animé d'une fureur divine. Au XIXe siècle, on voit en lui un mage, un prophète ou un voyant.

La poésie religieuse en quête d'une vérité sacrée se méfie des images apparues en songe qui détournent de l'essentiel. « Délivre-nous des vains mensonges, / Et des illusions des faibles en la foi » conclut d'Aubigné dans sa « Prière du soir » (texte 19). Les poètes de la Renaissance et les baroques ne cessent en effet de rappeler aux lecteurs la vanité de leurs préoccupations, superficielles : « N'espère rien qu'en la divinité » met en garde Du Bellay (texte 12). Mais les poètes en quête d'un sens transcendant placent dans le rêve et la poésie un espoir de révélation.

Moyens de connaissance, rêve et poésie peuvent ainsi sonder les mystères de la vie et de la mort. Au Moyen Âge, les mises en scène allégoriques de rêves de voyage au paradis (texte 4) ou en enfer (texte 3) illustrent tout à fait cette tentative. Le rêve en poésie permet au sujet de regarder sa vie comme un passé révolu, voire de faire l'expérience du néant « à travers le Muet, l'Immobile, le Noir » (texte 43) ou d'exprimer sa stupéfaction face à « l'énigme du Cosmos » (texte 63).

De nos jours, la mission du poète et la place du rêve en poésie sont redéfinis. Bonnefoy affirme ainsi son « devoir de donner un sens à ce qui est[1] », ici et maintenant. Le rêve qui détourne du réel semble donc banni du champ poétique par les poètes contemporains. Mais, s'il est vrai que certains, comme Guillevic, Jaccottet, Bonnefoy ou Juliet, se méfient des artifices et de la beauté factice des images, ils intègrent cependant leur réflexion sur le rêve et sur la poésie dans leurs textes.

1. Leçon inaugurale au Collège de France.

Fiche 5

L'évolution des formes poétiques du Moyen Âge à nos jours

Les formes poétiques fixes au Moyen Âge

Au Moyen Âge, la poésie n'est pas opposée aux autres genres du récit ou du roman, qui à l'époque désigne un texte écrit en ancien français (par opposition au latin). Les jongleurs interprètent ainsi les chansons de geste, longs poèmes versifiés qui exaltent les exploits guerriers des rois et des chevaliers (Charlemagne par exemple dans *La Chanson de Roland*, voir texte 1). Les procédés d'écriture épiques (répétitions, hyperboles, antithèses, amplifications, rythmes binaires...) visent ainsi à susciter l'admiration des auditeurs. À côté de cette poésie héritière de l'épopée antique, se développent différents types de poèmes allégoriques. Dans la lignée de *La Divine Comédie* de Dante (1265-1321), *Le Songe d'enfer* de Houdenc (texte 3) et *La Voie d'humilité* de Rutebeuf (texte 4) promènent respectivement les rêveurs chez Belzébuth et sur les chemins de Confesse ou de Pénitence.

L'amour courtois trouve son expression la plus achevée dans la poésie lyrique des troubadours, au sud de la France, qui s'expriment en langue d'oc, puis des trouvères, au nord, qui s'expriment en langue d'oïl. La *canso* de Guillaume IX d'Aquitaine (texte 2) témoigne ainsi de cette obsession de la femme aimée, quoique parfois inconnue. Fidèle à cette tradition de «l'amour de loin», le poète musicien Machaut (texte 5) impose une poésie savante, comme Charles d'Orléans (texte 7), en utilisant **les formes fixes de la ballade et du rondeau** (voir p. 277).

De la rupture de la Renaissance au XVIIIe siècle

Les poètes de la Renaissance redécouvrent l'Antiquité à laquelle ils empruntent ses genres poétiques. Dans la *Défense et Illustration de la langue française* (1549), Du Bellay propose d'imiter les Anciens. En accord avec lui, **les poètes de la Pléiade remettent ainsi au goût du jour l'ode, l'hymne et l'élégie** (voir p. 277). Jusqu'au XVIIIe siècle, leurs successeurs (d'Aubigné, Viau, Chénier) poursuivent sur cette voie. Entre-temps, les moralistes classiques, parmi lesquels La Fontaine, s'inspirent des apologues d'Ésope (VIIe-VIe s. av. J.-C.) ou de Phèdre (v. 15 av. J.-C.-50 apr. J.-C.) pour écrire des fables. Mais l'influence de l'Antiquité sur les poètes de la Renaissance ne se réduit pas au choix des formes. **Les poèmes de Ronsard ou de Du Bellay sont nourris de références aux textes et aux mythes gréco-latins** (voir textes 12, 13, 14). Aussi leur poésie s'adresse-t-elle à un public savant, contrairement à celle des poètes baroques qui conservent les mêmes formes mais délaissent les références érudites et privilégient un rapport plus direct au lecteur. Saint-Amant raconte ainsi assez simplement ses terreurs nocturnes (texte 28).

La forme qui domine à partir du XVIe siècle demeure cependant le sonnet: poème d'origine italienne, composé de deux quatrains et de deux tercets. Les poètes français s'inspirent ainsi de Pétrarque (1304-1374), auteur italien du *Canzoniere*, un recueil constitué essentiellement de sonnets. Mais ils se détachent progressivement de cette influence au profit d'un style moins précieux, plus directement accessible pour le lecteur. Ces textes poétiques sont parfois accompagnés d'une musique profane, et chantés à plusieurs voix. Pour autant, la poésie religieuse n'est pas délaissée et d'Aubigné s'illustre particulièrement dans ce genre (texte 19). Notons qu'au XVIIe siècle, les dramaturges écrivent des pièces de théâtre versifiées qui puisent régulièrement leurs sources dans la mythologie ou l'histoire religieuse. Certaines tirades d'alexandrins particulièrement harmonieuses abolissent ainsi la frontière entre les genres théâtral et poétique (texte 31).

Le jeu des reprises et des variations du XIXe siècle à nos jours

Les romantiques puis les surréalistes réhabilitent le Moyen Âge. Ils usent des formes qui avaient été délaissées: rondeaux, ballades, chansons. Les poètes prennent dans le même temps leurs **libertés vis-à-vis des règles classiques**: ils prônent une certaine irrégularité dans le vers, renonçant par exemple à la césure systématique en milieu d'alexandrin (texte 39) pour créer des effets de déséquilibre. Ces pratiques sont rejetées par les poètes du Parnasse, comme Leconte de Lisle et Heredia, qui privilégient une rigueur plus classique pour faire du poème un «bijou ciselé» à l'harmonie et à l'esthétique parfaites.

La seconde génération des poètes du XIXe siècle se libère de ces contraintes formelles. Rimbaud introduit ainsi l'hétérométrie (alternance des alexandrins et des hexasyllabes, voir texte 58) et le trivial dans le sonnet («mon unique culotte avait un large trou», texte 59). Verlaine, Corbière, Laforgue, Cros se détachent eux aussi d'une recherche artificielle du beau pour expérimenter des hardiesses stylistiques: effets sonores désagréables à l'oreille (texte 55), conjonction de coordination «et» isolée en tête de vers (texte 56), choix de mètres courts et impairs (texte 54), rythmes volontairement bancales (texte 56), enjambements inattendus (texte 49).

Vers la fin du vers?

La ligne de démarcation entre prose et poésie est remise en cause dès le XIXe siècle. En 1842 sont publiés les poèmes en prose de Bertrand, réunis dans *Gaspard de la Nuit*. À sa suite, Baudelaire écrit *Le Spleen* *de Paris* (1869), Lautréamont *Les Chants de Maldoror* (1869) et Rimbaud les *Illuminations* (1886), puis Cendrars, Reverdy, Michaux poursuivent sur cette voie. Le plus souvent assez court, le poème en prose repose généralement sur une structure marquée, une recherche rythmique, des effets de parallélisme (texte 37) ou de répétition et une clôture nette (texte 60).

Le recours à la prose n'est cependant pas l'unique moyen de contester le règne du vers régulier. Certains poètes s'en émancipent en recourant aux **vers libres**, qui peuvent abandonner la régularité métrique mais conserver la rime (ou l'assonance), ou abandonner la rime et conserver le mètre (textes 76 et 77). **De manière moins systématique, d'autres poètes assouplissent le vers, jouant avec ses limites** lorsqu'ils recourent volontairement au vers faux (vers de onze, douze ou treize syllabes, parfois difficiles à compter) ou bien utilisant la rime mais de manière aléatoire (texte 73). On observe alors fréquemment des **jeux sur la typographie et la mise page**, surtout lorsque le poème s'inscrit dans un **projet de collaboration avec un artiste peintre** (texte 92). Le verset quant à lui permet, par sa longueur, de faire entendre un souffle ample et majestueux qui convient au chant de Senghor (texte 90).

À l'inverse, les poètes contemporains adoptent parfois une forme minimaliste. Dans des vers parfois réduits à deux ou trois syllabes, qui abandonnent les majuscules, Juliet suggère ainsi une sorte d'absence à lui-même, un défaut d'être (texte 97). Enfin, la distinction entre le vers et la prose s'estompe parfois sous la plume originale de poètes qui les utilisent l'un et l'autre, en alternance, dans une même œuvre, comme Aragon (*Le Roman inachevé*, *Le Fou d'Elsa*) ou plus récemment Réda (*Le Sens de la marche*). **Toutes ces tentatives invitent le lecteur à réviser les critères d'après lesquels il identifie et définit le genre poétique**, sans empêcher les poètes de rester fidèles au vers régulier, de renouer avec des formes délaissées ou de chercher à en élaborer de nouvelles.

Fiche 6

Histoire des arts

Le rêve dans l'histoire des arts

Qu'il inspire les créateurs ou qu'il soit le sujet même de leurs œuvres, le rêve est un thème artistique récurrent. Chaque domaine artistique entretient cependant un rapport différent avec le monde du rêve.

Montrer des rêveurs…

Nombreux sont les artistes à s'être intéressés aux figures de dormeurs, probablement pour leur intense charge de mystère. Le plus souvent d'ailleurs, ils choisissent des femmes comme si elles redoublaient l'énigme du sommeil : à l'inconnu des songes s'ajoute l'altérité sexuelle. **La posture d'abandon que suppose le sommeil libère le corps des conventions sociales**. Pensons ainsi à la voluptueuse créature alanguie dans *Le Sommeil d'Antiope* (Le Corrège, 1523-1525), qui inspira peut-être celle de Fragonard au XVIIIe siècle (*Rêve d'amour*, 1768), ou plus encore à la déesse nue, cachant négligemment son sexe d'une main, dans *Le Sommeil de Vénus* (Giogione, vers 1505-1510). **À la Renaissance, les dormeuses sont en effet plutôt des déesses antiques ou des nymphes de la mythologie**. À partir du XVIIe siècle, les artistes choisissent des sujets moins nobles et plus quotidiens représentés dans des scènes de genre. Rembrandt, par exemple, dessine une simple anonyme assoupie sur son bras (*Jeune femme endormie*, 1654). **Les artistes ne renoncent pas pour autant à associer le sommeil, le rêve et l'érotisme**, comme on le voit à la position totalement offerte de la femme dans *La Chambre* de Balthus (1954) ou au couple étendu sur des draps froissés dans *Les Amants* de Somov (1931).

Dans le domaine de la sculpture, Rodin s'intéresse lui aussi aux dormeurs. Pour *Le Sommeil* (1889-1894), il se concentre sur le visage de la dormeuse, lové dans sa chevelure, comme légèrement voilé. Cette œuvre a sans doute inspiré celles de Brancusi (*Le Sommeil*, 1908 ; *La Muse endormie*, 1909-1910).

Comment savoir cependant si le sujet représenté rêve ? Certains peintres anticipent la question et prennent soin d'y répondre dans le titre de leur œuvre, comme Matisse (*La Rêveuse à la blouse romaine ou le Rêve*, 1935) ou Picasso (*Le Rêve*, 1932, ➡ voir image reproduite au verso de la couverture, en fin d'ouvrage). D'autres représentent les personnages dans une posture songeuse, soit un personnage isolé dans un décor où la lumière crée une atmosphère propice à la méditation, comme dans la *Femme cousant dans un intérieur* d'Hammershoi (1900), soit un personnage de dos, qui se dérobe au regard, tel le *Voyageur contemplant une mer de nuages* de Friedrich (1818). **Le défi de l'artiste qui représente un rêveur serait**

donc bien de suggérer, de donner à voir ce qui n'est pas montré, pour désarmer le spectateur désireux de percer une intériorité.

... et leurs rêves

Une autre façon de représenter le rêve consiste à montrer non seulement le rêveur mais aussi l'objet de ses songes. Au Moyen Âge et à la Renaissance, les sujets religieux constituent les principaux thèmes de l'art. Les artistes s'inspirent alors de la Bible, représentant fréquemment des apparitions (*Le Songe de Joachim* de Giotto, vers 1305; l'*Annonciation* de Fra Angelico, 1438-1450 ou celle de Vinci, vers 1472-1475). **Au XVe siècle, la redécouverte de l'Antiquité offre une nouvelle source d'inspiration** et les représentations de scènes mythologiques se multiplient. La maîtrise des lois de la perspective, et les études anatomiques permettent en outre d'obtenir des effets de volume et de profondeur plus réalistes et une représentation des corps plus naturelle (*Le Songe de la vie humaine ou le Rêve* de Michel-Ange, 1533).

Dans cette œuvre, l'artiste ne s'attache plus prioritairement au caractère narratif du rêve. Comme plus tard sous le trait de Goya (*Le sommeil de la raison engendre des monstres*, 1797 ➡ voir p. 80), l'homme représenté n'est plus une personne particulière, il renvoie à toute la condition humaine. Les saynètes qui surgissent des nuages au second plan pour cerner le sujet et la présence du globe terrestre comme des masques accumulés dans le coffre central lui confèrent une dimension allégorique et invitent à réfléchir sur le processus, le pouvoir voire le danger du rêve. Les artistes baroques avaient déjà exploré cette voie en intégrant le rêve à leurs vanités, tableaux représentant les symboles des plaisirs de la vie (tabac, jeux, instruments de musique) et le caractère éphémère de sa beauté (sablier, chandelle, fleur commençant à faner) soumis à la mort, symbolisée par la présence récurrente d'un crâne (*Le Rêve du chevalier* de Pereda, 1655 ➡ voir p. 16).

Il n'est pas toujours aisé de délimiter les contours du rêve: l'artiste peut jouer sur l'ambiguïté des niveaux de représentation, sur le rapport entre la figure du personnage et son entourage. Dans *Le Cauchemar* (1782), Füssli semble présenter une femme et les créatures de son cauchemar, un démon et une tête de cheval, mais l'œuvre repose aussi sur un jeu de mots: le titre original du tableau est *Nightmare*, qui signifie «cauchemar»; or «*mare*» en anglais désigne également une jument. Par ce glissement de sens, l'œuvre paraît obéir aux mêmes lois d'association que le rêve. Dans *Les Yeux clos* (1890) de Redon, une tête gigantesque surgit d'un rivage lunaire. S'agit-il de la représentation merveilleuse d'une morte semblant flotter, d'une rêveuse qui se voit sortir des eaux ou encore de la représentation du rêve du peintre? On pourrait se poser le même type de questions au sujet de la jungle luxuriante qui entoure la jeune femme allongée du *Rêve* (1910) du Douanier Rousseau. Au cinéma, cette double représentation (celle du rêveur et de son rêve) correspond à la situation où le héros du film rêve. **Comme en poésie, dans les contes ou dans certains romans, le rêve permet alors au personnage d'explorer le monde réel ou imaginaire** (*Le Magicien d'Oz* de Fleming, 1939; *Le Voyage de Chihiro* de Miyazaki, 2001) et aux réalisateurs de brouiller, de manière parfois vertigineuse, les frontières entre les différents niveaux de fiction (*Lost Highway*, 1997; *Mullholand Drive*, 2001 de Lynch; *Inception*, 2010, de Nolan).

Faire naître le sentiment d'étrangeté et susciter la rêverie

Le caractère étrange et mystérieux de nombreuses œuvres peut rappeler l'univers onirique sans que la représentation relève systématiquement du rêve. Tel est le cas des œuvres figuratives qui présentent des créatures ou des univers irréels. S'il faut évidemment se garder d'associer systématiquement tout univers fabuleux au monde des rêves, on peut cependant être sensible aux parentés entre certaines représentations extraordinaires et les visions de l'imaginaire. Dans *Le Jardin des délices terrestres* (1503-1504) de Bosch, les monstres médiévaux, les animaux, les fruits et les fleurs de taille gigantesque ou certains détails surprenants peuvent sembler tout droit sortis d'un cauchemar. La disproportion des différents éléments introduite dans un univers apparemment réaliste peut aussi être à l'origine de cette impression de rêve, comme dans *La Promenade* (1917) de Chagall où un homme surplombe bizarrement le village à l'arrière-plan tandis que la compagne qui lui tient la main s'envole, comme dansant dans les airs.

C'est donc parfois moins la nature de ce qui est représenté que la manière de l'artiste, son travail de stylisation, qui crée l'impression de rêve. Dès le XIXe siècle, les peintres impressionnistes, dans la lignée de Monet, cherchent avant tout à exprimer la subjectivité de leurs visions. **Au début du XXe siècle, les arts visuels ne cherchent plus forcément à rendre compte du visible, à imiter la nature** et abandonnent progressivement le sujet. Ce refus du figuratif et cette liberté totale laissée à l'imagination se lisent par exemple dans l'explosion de couleurs et de traits chez Kandinsky (1866-1944). Or, ces œuvres abstraites ne cherchent pas à reproduire quoi que ce soit, elles visent à placer le spectateur devant une énigme, pour le propulser dans un autre univers.

Enfin, en art comme en littérature pendant l'entre-deux-guerres, le surréalisme s'appuie sur la lecture de Freud pour chercher à libérer l'imagination et à faire émerger le discours de l'inconscient. De Chirico (1888-1978) et Magritte (1898-1967) présentent des sortes d'espaces intérieurs ou des décors oniriques. L'étrangeté naît généralement du décalage entre les objets les plus ordinaires et un élément saugrenu qui vient subtilement rompre l'équilibre réaliste, qu'il s'agisse de contrastes lumineux inexplicables, d'une ombre anormalement étirée (*Mystère et mélancolie d'une rue* de De Chirico, 1914) ou d'une toile transparente qui se superpose au paysage (*La Condition humaine* de Magritte, 1933). **Le recours à l'automatisme** (voir les photographies de Desnos à l'époque des « Espaces du sommeil » en 1920) ou à l'hallucination visuelle favorise par ailleurs la représentation de situations incohérentes, plus déconcertantes et provocantes les unes que les autres (*Rêve causé par le vol d'une abeille autour d'une pomme-grenade une seconde avant l'éveil* de Dalí, 1944). L'une des premières scènes du court-métrage de Buñuel et Dalí, *Un chien andalou* (1929), repose ainsi sur le gros plan d'un œil tranché.

Fiche 7

Citations

Poèmes du Moyen Âge au XVIIe siècle

« La nuit passée, en mon lit je songeais
Qu'entre mes bras vous tenais nue à nu;
Mais au réveil se rabaissa la joie
De mon désir en dormant advenu. »

Clément Marot, « D'un songe » (texte 9).

« Il faisait chaud, et le somme coulant
Se distillait dans mon âme songearde,
Quand l'incertain d'une idole gaillarde
Fut doucement mon dormir affolant. »

Pierre de Ronsard, « Il faisait chaud, et le somme coulant... » (texte 15).

« Le dirais-je, Mortels, qu'est ce que cette vie ?
C'est un songe qui dure un peu plus qu'une nuit. »

Jacques Vallée Des Barreaux,
« Tout n'est plein ici-bas que de vaine apparence... » (texte 27).

« Un songe (me devrais-je inquiéter d'un songe ?)
Entretient dans mon cœur un chagrin qui le ronge.
Je l'évite partout, partout il me poursuit. »

Jean Racine, *Athalie* (texte 31).

Poèmes du XIXe siècle

« Ma sœur, côte à côte nageant,
Nous fuirons sans repos ni trêves
Vers le paradis de mes rêves ! »

Charles Baudelaire, « Le vin des amants » (texte 45).

« Je fais souvent ce rêve étrange et pénétrant
D'une femme inconnue, et que j'aime, et qui m'aime
Et qui n'est, chaque fois, ni tout à fait la même
Ni tout à fait une autre, et m'aime et me comprend. »

Paul Verlaine, « Mon rêve familier » (texte 53).

« – Dors encor : la Bête est calmée,
File ton rêve jusqu'au bout…
Mon Pauvre !… la fumée est tout.
– S'il est vrai que tout est fumée… »

Tristan Corbière, « La pipe au poète » (texte 56).

« – Petit-Poucet rêveur, j'égrenais dans ma course
Des rimes. Mon auberge était à la Grande-Ourse. »

Arthur Rimbaud, « Ma bohème » (texte 59).

« Je rêve de vers doux mourant comme des roses. »

Albert Samain, « Je rêve de vers doux… » (texte 62).

Poèmes du xxe siècle à nos jours

« C'est le sommeil qui fait ta poésie »

Jean Cocteau, « Jeune fille endormie » (texte 74).

« Le Verbe pousse du sommeil
comme une fleur ou comme un verre
plein de formes et de fumées. »

Antonin Artaud, « La nuit opère » (texte 77).

« J'ai peur éperdument du sommeil de tes yeux
Je me ronge le cœur de ce cœur que j'écoute
Amour arrête-toi dans ton rêve et ta route
Rends-moi ta conscience et mon mal merveilleux »

Louis Aragon, « Tandis que je parlais le langage des vers… » (texte 82).

« Rêvons / acceptons de rêver / c'est le poème du jour qui commence. »

Robert Desnos, « Désespoir du soleil » (texte 87).

Citations sur le rêve

« Un rêve non interprété est comme un rêve non lu. »

Talmud, Bérakhoth, 556.

« Nous sommes tous faits de l'étoffe de nos rêves »

William Shakespeare, *La Tempête*, IV, 1 (v. 1611).

« Notre veille est plus endormie que le sommeil. »

Michel de Montaigne, *Essais* (1595).

« On va et on rêve devant soi. La marche berce la rêverie ; la rêverie voile la fatigue. La beauté du paysage cache la longueur du chemin. On ne voyage pas, on erre. »

Victor Hugo, *Le Rhin*, lettre XX (1842).

« Chaque rêve finit par trouver sa forme ; il y a des ondes pour toutes les soifs, de l'amour pour tous les cœurs. Et puis, rien ne fait mieux *passer la vie* que la préoccupation incessante d'une idée, qu'un idéal, comme disent les grisettes... Folie pour folie, prenons les plus nobles. Puisque nous ne pouvons décrocher le soleil, il faut boucher toutes nos fenêtres et allumer des lustres dans notre chambre. »

Gustave Flaubert, lettre à Élisa Schlésinger (14 janvier 1857).

« La rêverie, qui est la pensée à l'état de nébuleuse, confine au sommeil, et s'en préoccupe comme de sa frontière. »

Victor Hugo, *Les Travailleurs de la mer* (1866).

« Avant de nous laisser aller à notre murmure, vraie causerie d'oiseaux pareils aux roseaux, et mêlés à leur vague stupeur lorsque nous revenons de notre fixité sur l'étang du rêve à la vie – sur l'étang du rêve où nous ne pêchons jamais que notre propre image, sans songer aux écailles d'argent des poissons ! – demandons-nous cependant comment nous y sommes dans cette vie ! »

Stéphane Mallarmé, lettre à Eugène Lefébure (27 mai 1867).

« Dans le rêve, tu es auteur et tu ne sais pas comment ça finira. »

Cesare Pavese, *Le Métier de vivre* (1952).

Citations sur le rêve et la poésie

«Le rêve est une seconde vie. Je n'ai pu percer sans frémir ces portes d'ivoire ou de corne qui nous séparent du monde invisible. Les premiers instants du sommeil sont l'image de la mort; un engourdissement nébuleux saisit notre pensée, et nous ne pouvons déterminer l'instant précis où le moi, sous une autre forme, continue l'œuvre de l'existence. C'est un souterrain vague qui s'éclaire peu à peu, et où se dégagent de l'ombre et de la nuit les pâles figures gravement immobiles qui habitent le séjour des limbes. Puis le tableau se forme, une clarté nouvelle illumine et fait jouer ces apparitions bizarres; le monde des Esprits s'ouvre pour nous.»

Gérard de Nerval, *Aurélia* ou *Le Rêve et la Vie* (1865).

«Les premières pensées du rêve qu'on développe par l'analyse frappent en effet souvent par leur habillage inhabituel; elles ne semblent pas données dans les formes linguistiques sobres dont notre pensée se sert de préférence; elles sont au contraire figurées d'une manière symbolique par des comparaisons et des métaphores, en quelque sorte dans une langue poétique et imagée.»

Sigmund Freud, *Sur le rêve* [1901], trad. par C. Heim,
Gallimard, «Folio essais», 1988.

«Avant d'être objet d'interprétation, le rêve est expérience subjective; corps avant d'être langage. Même si nous connaissons les mécanismes de sa poétique, il reste poésie.»

Jean Starobinski, «L'espace de rêve»
in *Nouvelle Revue de psychanalyse*, Gallimard, 1972.

«J'ai le désir d'écrire dans la vérité et je crois pourtant savoir que tout se joue dans le malentendu ou l'à peu près quand un lecteur se prend à mes paroles pour s'en faire une rêverie (donner quelque forme à ses sentiments du moment) qui permet à son corps d'être à l'aise ou agréablement remué, son corps avec de la pensée et une aptitude à ressentir la présence du monde.»

James Sacré, *Broussaille de prose et de vers*, Obsidiane, 2006.

Groupements de textes

Groupement 1

Rêves antiques

Homère, *L'Iliade*

L'Iliade **est un long poème épique écrit par Homère (VIIIe siècle av. J.-C.) qui relate le siège de la ville de Troie par les armées grecques. Les dieux assistent aux combats et décident de la vie et de la mort des héros. Au début du chant II où se situe l'extrait, Zeus s'immisce dans les rêves d'Agamemnon – le frère du roi de Sparte dont l'épouse Hélène a été enlevée par le prince troyen – pour le manipuler. Il lui donne alors l'ordre d'attaquer Troie.**

Ainsi dieux et guerriers aux robustes chevaux dorment toute la nuit. Seul, Zeus ne cède pas aux douceurs du sommeil. Il médite en son cœur comment il s'y prendra pour honorer Achille[1] et pour faire périr les Achéens[2] en foule à côté de leurs nefs[3]. Le parti qu'en son âme il juge le meilleur, c'est d'envoyer au fils

---

1. **Achille** : héros grec.
2. **Achéens** : Grecs.
3. **Nefs** : bateaux.

d'Atrée Agamemnon le Songe malfaisant. Il l'appelle et lui dit ces paroles ailées:
ZEUS. – Pars, Songe malfaisant, rends-toi près des vaisseaux légers des Achéens, pénètre au campement d'Agamemnon l'Atride, et veille à répéter exactement mes ordres. Qu'il fasse armer les Achéens aux longs cheveux, en hâte et tous ensemble: c'est maintenant qu'il peut prendre la vaste Troie, car les dieux immortels, habitants de l'Olympe, ne sont plus divisés; les prières d'Héra[1] les ont tous fait fléchir[2]; voici que des malheurs planent sur les Troyens.

Il dit. Le Songe part, sitôt l'ordre entendu. Vite il arrive aux sveltes nefs des Achéens et se rend près du fils d'Atrée Agamemnon. Là, dans son campement, il le trouve endormi, plongé dans les divins effluves du sommeil. Au-dessus de sa tête il se dresse, pareil à ce fils de Nélée, Nestor[3], qui, des Anciens, est celui que l'Atride estime davantage. Et le Songe immortel, sous cet aspect, lui dit:
LE SONGE. – Quoi! tu dors, toi, le fils du magnanime Atrée aux chevaux bien domptés! Il ne doit pas dormir toute la nuit, celui qui prend part au Conseil, à qui sont confiés tant d'hommes, tant de soins! Allons! comprends-moi vite. De Zeus, sache-le bien, je suis le messager. Si loin qu'il soit, Zeus a pitié, souci de toi. Arme, dit-il, les Achéens aux longs cheveux, en hâte et tous ensemble, car maintenant tu peux prendre la vaste Troie, puisque les Immortels, habitants de l'Olympe, ne sont plus divisés: les prières d'Héra les ont tous fait fléchir; voici que des malheurs planent sur les Troyens par le vouloir de Zeus. Allons! garde en ton cœur ces mots, et que l'oubli ne te saisisse pas, lorsque t'aura quitté le suave sommeil.

À ces mots, il s'en va, lui laissant dans le cœur des espoirs destinés à se trouver déçus. Le preux[4] croit qu'en ce jour, il prendra

1. **Héra**: épouse et sœur de Zeus, qui a pris parti pour les Grecs contre les Troyens.
2. **Fléchir**: ici, changer d'avis.
3. **Nestor**: roi de Pylos (Grèce), seul survivant de sa fratrie.
4. **Preux**: valeureux guerrier.

la cité de Priam[1]. L'insensé ! Comment connaîtrait-il les vrais desseins[2] de Zeus ?

Homère, *L'Iliade* [VIIIe s. av. J.-C.], chant II, trad. du grec ancien par R. Flacelière, Gallimard, « Bibliothèque de la Pléiade », 1955.

Homère, *L'Odyssée*

Dans *L'Odyssée*, Homère (VIIIe siècle av. J.-C.) raconte le voyage d'Ulysse qui, après la guerre de Troie, cherche à rentrer chez lui. Pendant dix ans, le roi d'Ithaque erre sur la Méditerranée tandis que son fils Télémaque et sa femme Pénélope, convoitée par de nombreux prétendants, l'attendent. Dans l'extrait suivant, issu du chant XIX, Ulysse, de retour à Ithaque, déguisé en mendiant, écoute le songe que lui confie Pénélope, qui ne l'a pas reconnu.

Mais voyons ! écoute ce songe, et explique-le-moi :
je vois vingt oies dans la maison manger du grain
au sortir de l'étang, et je m'attendris de les voir,
lorsqu'un grand aigle au bec crochu surgissant des montagnes
brisa la nuque à toutes, les tuant ; ensemble,
elles gisaient[3] dans la demeure ; il regagna l'azur.
Moi, alors, je pleurai et je criai, toujours en songe,
les Achéennes[4] aux beaux cheveux accouraient m'entourer,
geignant piteusement[5] sur le massacre de mes oies.
L'aigle revint et se posa sur le rebord du toit,
disant pour m'apaiser avec une voix de mortel :
– Rassure-toi, fille du très fameux Icare !
Ce n'est point songe, mais vision favorable et certaine.
Les oies, ce sont les prétendants, et moi qui fus cet aigle
tout à l'heure, je suis ton époux revenu
qui vais faire subir aux prétendants un sort infâme[6] !

---

1. **Priam** : roi de Troie.
2. **Desseins** : intentions, projets.
3. **Gisaient** : étaient étendues, mortes.
4. **Achéennes** : Grecques.
5. **Geignant piteusement** : se lamentant.
6. **Infâme** : ignoble, honteux.

À ces mots, le sommeil doux comme miel m'abandonna ;
cherchant des yeux, je vis les oies dans le palais
piquant le grain dans la mangeoire comme à l'ordinaire... »
L'ingénieux Ulysse alors lui répondit :
« Il n'y a pas moyen, ô femme, d'expliquer ce songe
en lui donnant un autre sens ; car Ulysse lui-même
t'a dit ce qui serait ; la mort luit pour les prétendants,
tous tant qu'ils sont, nul n'évitera son génie[1]. »
La sage Pénélope alors lui répondit :
« Les songes, étranger, sont confus et parlent peu clair,
ils sont bien loin de tous se réaliser pour les hommes.
Car, pour les songes vacillants, il est deux portes :
l'une est faite de corne et l'autre l'est d'ivoire ;
les rêves arrivant par l'ivoire scié
sont rêves dérisoires, n'apportant que paroles vaines ;
mais ceux qui entrent par la corne bien polie
cornent[2] la vérité au mortel qui les voit.
Or, je doute que soit venu par là ce redoutable
songe : nous en aurions, Télémaque et moi, trop de joie...

Homère, *L'Odyssée* [VIIIe s. av. J.-C.], chant XIX,
trad. du grec ancien par Ph. Jaccottet, La Découverte, « Poche », 2004.

Sophocle, *Électre*

Dans *Électre*, Sophocle (v. 496-406 av. J.-C.) raconte comment Agamemnon, roi de Mycènes et fils d'Atrée, a été tué par son épouse, Clytemnestre, aidée d'Égisthe, son amant. Les filles du défunt réagissent différemment au crime. Tandis que Chrysothémis reste impuissante face à la situation, Électre, hostile à tout compromis, est prête à venger son père à tout prix. Dans l'extrait qui suit, elle s'étonne des offrandes que sa mère, inquiétée par un cauchemar, a fait envoyer à son père.

1. **Génie** : intelligence, ruse ; dans *L'Odyssée*, le personnage d'Ulysse est aussi appelé « Ulysse aux mille ruses ».
2. **Cornent** : claironnent, trompettent.

Électre. – Où vas-tu? et à qui portes-tu ces offrandes?

Chrysothémis. – Ma mère envoie ces libations à notre père.

Électre. – Que dis-tu! à celui qu'elle hait entre tous?

Chrysothémis. – À celui qu'elle a tué – c'est ce que tu veux dire?

Électre. – Qui des siens en croit-elle? De qui vient donc l'idée?

Chrysothémis. – Elle obéit, je pense, à sa peur de la nuit.

Électre. – Dieux de mes pères, venez cette fois à mon aide!

Chrysothémis. – Tu peux dans cette peur voir un motif d'espoir?

Électre. – Raconte-moi son rêve, et je te répondrai.

Chrysothémis. – Mais je ne puis t'en dire, moi, que fort peu de chose.

Électre. – Dis-moi ce peu du moins. Il suffit de si peu de mots pour décider souvent ou d'un échec ou d'un succès.

Chrysothémis. – On dit qu'elle aurait vu notre père, à nous deux, reparaître devant elle, et qu'il aurait planté dans notre foyer le sceptre[1] qu'il portait jadis, avant qu'Égisthe le lui eût pris. De ce spectre alors aurait jailli un laurier florissant, capable de couvrir à lui seul de son ombre toute la terre de Mycènes. Tel est le récit que je tiens d'un homme qui se trouvait là lorsqu'elle exposait son rêve au Soleil[2]. Je n'en sais pas plus, si ce n'est que ma mission est la suite de sa terreur.

Sophocle, *Électre* [ve s. av. J.-C.] in *Tragédies*,
trad. du grec ancien par P. Mazon, Gallimard, « Folio classique », 1973.

---

1. **Sceptre** : bâton, emblème du pouvoir royal.
2. Pour conjurer le mauvais sort, il était d'usage de raconter ses rêves au Soleil.

Virgile, *L'Énéide*

Dans *L'Énéide*, le poète latin Virgile (v. 70-19 av. J.-C.) raconte les aventures du prince troyen Énée, chargé par les dieux de fonder une nouvelle cité, et retrace ainsi les origines légendaires de Rome. Dans le passage suivant, situé au livre II, Hector, mort sous les coups d'Achille puis traîné autour des murailles de Troie, apparaît en songe à Énée.

C'était l'heure où le premier sommeil commence pour les mortels tourmentés, et, par un bienfait des dieux, s'insinue avec tant d'agrément dans leurs sens. Voilà qu'en songe je crus voir Hector m'apparaître, accablé de tristesse et versant des pleurs en abondance, tel qu'il était naguère, quand son bige[1] le traînait noir d'une sanglante poussière et les pieds tout gonflés et liés par des courroies. Hélas! en quel état il s'offrait à ma vue! qu'il était différent de cet Hector qui rentrait, revêtu des dépouilles d'Achille[2] ou qui lançait les brandons phrygiens[3] sur les poupes des Danaens[4]! Il avait une barbe en broussaille, des cheveux agglutinés de sang, et sur le corps les blessures sans nombre qu'il avait reçues autour des murs de sa patrie. Il me semblait que, pleurant moi-même, j'adressais le premier la parole au héros et que j'exhalais ma douleur en ces termes.

« Ô lumière de la Dardanie[5], ô le plus sûr espoir des Teucères, quels si grands obstacles t'ont retenu? de quels bords viens-tu, Hector si longtemps attendu? Après tant de funérailles de tes compatriotes, après les épreuves de toute sorte qu'ont subies ta ville et ses défenseurs, en quel état nous te revoyons! Quel indigne outrage a troublé la sérénité de ton visage? Que signifient ces blessures que je vois? » Il ne répond rien et ne s'arrête pas à mes vaines questions, mais tirant du fond de sa poitrine

---

1. **Bige**: char tiré par deux chevaux.
2. **Revêtu des dépouilles d'Achille**: revêtu des armes d'Achille, dont il avait dépouillé Patrocle après l'avoir tué; Hector a cru avoir tué Achille car Patrocle avait revêtu son armure.
3. **Brandons phrygiens**: torches de Phrygie, région d'Asie mineure.
4. **Poupes des Danaens**: bateaux des Grecs. Ces combats sont racontés dans les chants XV et XVI de *L'Iliade*.
5. **Dardanie**: région de la Grèce antique. Les noms « Dardaniens » et « Teucères » désignent les Troyens.

de profonds gémissements: «Ah! fuis, dit-il, fils une déesse, et dérobe-toi à ces flammes. L'ennemi occupe nos murs: Troie s'écroule de son faîte altier. Nous avons assez fait pour la patrie et pour Priam[1]. Si Pergame[2] pouvait être défendue par le bras d'un mortel, ce bras l'eût encore défendue. Troie te recommande ses objets sacrés et ses Pénates[3]. Prends-les pour compagnons de tes destins; va chercher pour eux ces murs superbes, que tu élèveras enfin après avoir longtemps erré sur la mer.» Il dit, et, des profondeurs des sanctuaires, m'apporte dans ses mains les bandelettes, la puissante Vesta[4] et le feu éternel.

Cependant, à l'intérieur des remparts, se confondent les deuils de toute sorte; et, quoique la maison de mon père Anchise fût à l'écart et abritée par un rideau d'arbres, le bruit devient de plus en plus éclatant et le fracas des armes se rapproche. Je m'éveille en sursaut, monte au faîte du palais et prête au loin une oreille attentive.

Virgile, *L'Énéide* [Ier s. av. J.-C.], livre II,
trad. du latin par M. Rat, Garnier Flammarion, 2011.

Ovide, *Les Métamorphoses*

Dans *Les Métamorphoses*, le poète latin Ovide (43 av. J.-C.-17 apr. J.-C.) reprend les récits de la mythologie gréco-romaine. Dans le livre XI, la déesse Junon ordonne à Iris, la messagère de l'Olympe, d'aller persuader le dieu Sommeil d'envoyer un songe funeste à Alcyone. La description qui suit, du Sommeil et de son palais, a inspiré de nombreux artistes et écrivains.

Il est près du pays des Cimmériens[5] une caverne profondément enfoncée dans les flancs d'une montagne; c'est le mystérieux

---

1. **Priam**: roi de Troie.
2. **Pergame**: cité dans laquelle Énée fut transporté pour être soigné après la guerre de Troie.
3. **Pénates**: divinités grecques chargées de protéger le foyer.
4. **Vesta**: déesse du feu souvent associée au culte des Pénates.
5. **Cimmériens**: peuple légendaire qui habite près des Morts, là où le Soleil n'apparaît pas.

domicile du Sommeil paresseux ; jamais Phébus[1], ni à son lever, ni au milieu de sa course, ni à son coucher, n'y peut faire pénétrer ses rayons ; de sombres brouillards s'y dégagent de la terre ; il y règne une lumière douteuse comme celle du crépuscule. Là l'oiseau vigilant, couronné d'une crête, n'appelle point l'aurore par ses chants : le silence n'est jamais rompu par la voix des chiens attentifs ni par celle de l'oie, dont l'oreille est plus subtile encore ; on n'entend ni bêtes sauvages, ni troupeaux, ni rameaux agités par les vents, ni voix humaines : aucun son bruyant ; c'est le séjour du repos muet ; seulement du pied de la roche sort un ruisseau de l'eau du Léthé, qui, coulant sur un lit de cailloux crépitants, invite au sommeil par son murmure. Devant l'entrée de la grotte fleurissent des pavots féconds et des plantes innombrables, dont les sucs[2] servent à la Nuit pour composer le charme soporifique[3] qu'elle répand avec son humidité sur la terre obscure. Point de porte qui grince en tournant sur ses gonds : il n'y en a pas une seule dans toute la demeure ; sur le seuil, point de gardien. Au milieu de l'antre s'élève un lit d'ébène[4], garni de coussins de plumes, tous de la même couleur et recouverts d'un voile sombre ; c'est là que le dieu lui-même repose ses membres alanguis[5]. Autour de lui sont couchés çà et là, revêtus de formes diverses, les Songes chimériques[6], aussi nombreux que les épis de la moisson, les feuilles de la forêt ou les sables rejetés par la mer sur le rivage. La vierge divine[7] entre dans ce lieu, écartant de la main les songes qui lui font obstacle, et aussitôt l'éclat de sa robe illumine la demeure sacrée ; le dieu soulève à grand-peine ses paupières appesanties ; il retombe et retombe encore, tandis que son menton chancelant va frapper le haut de sa poitrine ; enfin il s'arrache à lui-même et, appuyé sur son coude, il demande à Iris (car il l'a reconnue) le motif de sa visite ; elle répond : « Sommeil, repos de la nature, Sommeil, de tous les dieux le plus doux, ô

1. **Phébus** : dieu du Soleil.
2. **Sucs** : sèves.
3. **Soporifique** : qui endort.
4. **Antre** : caverne ; **d'ébène** : de couleur noire.
5. **Alanguis** : fatigués.
6. **Chimériques** : qui sont de purs produits de l'imagination.
7. Il s'agit d'Iris, la messagère des dieux.

paix de l'âme, toi qui mets en fuite les soucis, toi qui soulages les corps épuisés par de durs travaux et répares leurs forces pour de nouvelles tâches, appelle les Songes qui savent le mieux imiter les formes véritables ; ordonne-leur d'aller à Trachine[1], la ville d'Hercule ; là, ils prendront la figure du roi[2], ils s'approcheront d'Alcyone et ils lui apparaîtront sous les traits du naufragé. Telle est la volonté de Junon. » Sa mission accomplie, Iris s'éloigne ; car elle ne pouvait pas résister plus longtemps à l'engourdissement ; quand elle sent le sommeil s'insinuer dans ses membres, elle s'enfuit et retourne aux cieux sur l'arc qui l'avait amenée[3].

Ovide, *Les Métamorphoses* [v. Ier s. apr. J.-C.], livre XI,
trad. du latin par G. Lafaye, Gallimard, « Folio », 1992.

Apulée, *L'Âne d'or*

Dans *L'Âne d'or ou les Métamorphoses*, Apulée (v. 125-170 apr. J.-C.) raconte les aventures de Lucius, changé en âne. Au début du récit, un personnage nommé Aristomène retrouve son ami Socrate dans une auberge, où, fatigués par un excès de vin, les deux camarades s'endorment. Deux femmes pour le moins mal intentionnées, Panthia et Méroé, viennent alors animer le cauchemar d'Aristomène.

Je me sentis inondé d'une sueur froide, un tremblement secoua mes entrailles de telle sorte que mon grabat lui-même était agité par mes mouvements nerveux et dansait sur mon dos une danse saccadée. Cependant, l'excellente Panthia disait : « Pourquoi, ma sœur, ne commençons-nous pas par le dépecer à la manière des Bacchantes[4], ou encore, en lui attachant les membres, pourquoi ne pas lui couper le sexe ? »

À ces propositions, Méroé – car je comprenais maintenant que c'était là le nom de cette femme, que je reconnaissais, grâce au récit de Socrate – répondit : « Non, laissons-le survivre, lui du moins, pour recouvrir le cadavre de l'autre malheureux avec un

1. **Trachine** : ville grecque située en Thessalie.
2. Il s'agit de Céyx, époux d'Alcyone et roi de Thessalie.
3. Il s'agit d'un arc-en-ciel.
4. **Bacchantes** : prêtresses de Bacchus, dieu romain de l'ivresse.

peu de terre », puis, inclinant la tête de Socrate vers le côté droit, elle lui enfonça son épée dans le cou, à gauche, jusqu'à la garde[1] ; le jet de sang fut recueilli par elle dans une petite outre[2], qu'elle approcha de la blessure, et elle prit bien garde de ne pas en laisser nulle part la moindre trace. Voilà ce que je vis, de mes yeux. Et de plus, sans doute pour ne pas faillir au rite des sacrifices, la douce Méroé introduisit la main droite dans cette blessure jusqu'aux entrailles, et, après avoir fouillé, elle retira le cœur de mon pauvre camarade, tandis que, de la gorge de celui-ci, sectionnée par le fer, sortait un cri, ou plutôt un sifflement vague et que s'exhalait[3] son âme. Panthia bourra cette blessure, dans sa plus grande largeur, à l'aide d'une éponge, disant: « Toi, éponge, qui es née de la mer, garde-toi bien de traverser un fleuve. » Cela fait elles s'en vont, mais, d'abord, soulèvent mon grabat, s'accroupissent au-dessus de ma figure et, jambes écartées, soulagent leur vessie, m'inondant d'un liquide infect.

Elles venaient à peine de franchir le seuil que les battants de la porte se remettent en place, intacts; les pivots s'introduisent dans leurs logements, les barres s'enfoncent dans le chambranle, les verrous retournent dans les gâches[4]. Mais moi, dans l'état où j'étais, encore étendu sur le sol, presque évanoui, nu et transi, inondé d'urine, comme si je venais de sortir du ventre de ma mère, ou plutôt, à moitié mort et me survivant à moi-même, comme un fils posthume[5], je restais là, destiné, sans aucun doute, à périr sur la croix: « Que va-t-il m'advenir, disais-je, lorsque l'on découvrira demain cet homme égorgé ? Qui pourra croire que mon histoire est vraisemblable, alors que je dirai la vérité ? »

Apulée, *L'Âne d'or ou les Métamorphoses* [IIe s. apr. J.-C.], trad. du latin par P. Grimal, Gallimard, « Folio classique », 1975.

---

1. **Jusqu'à la garde**: jusqu'au bout.
2. **Outre**: gourde en peaux de bête qui sert à conserver ou à transporter des liquides.
3. **S'exhalait**: laissait s'échapper.
4. **Gâches**: pièces métalliques d'une serrure qui permettent de maintenir une porte fermée.
5. **Posthume**: qui est né après la mort de son père.

Groupement 2
Les philosophes et le rêve

Platon, *La République*

La République **est un long dialogue, composé de dix livres, dans lequel le philosophe grec Platon (v. 428-348 av. J.-C.) met en scène Socrate et différents interlocuteurs (Glaucon, Polémarque, Thrasymaque, Adimante et Céphale). À la recherche d'une définition de la justice, Socrate est amené à décrire la cité modèle. Dans l'extrait suivant, Adimante et lui se penchent sur le naturel tyrannique de certains hommes. Ils voient alors un lien entre la nature des songes et le caractère des individus.**

– Mais de quels désirs parles-tu ?

– De ceux, répondis-je, qui s'éveillent pendant le sommeil, lorsque repose cette partie de l'âme qui est raisonnable, douce, ou faite pour commander à l'autre, et que la partie bestiale et sauvage, gorgée de nourriture et de vin, tressaille, et après avoir secoué le sommeil, part en quête de satisfactions à donner à ses appétits[1]. Tu sais qu'en pareil cas elle ose tout, comme si elle était délivrée et affranchie de toute honte et de toute prudence. Elle ne craint point d'essayer, en imagination, de s'unir à sa mère, ou à qui que ce soit, homme, dieu ou bête, de se souiller de n'importe quel meurtre, et de ne s'abstenir d'aucune sorte de nourriture ; en un mot, il n'est point de folie, point d'impudence[2] dont elle ne soit capable.

– Tu dis très vrai.

– Mais lorsqu'un homme, sain de corps et tempérant[3], se livre au sommeil après avoir éveillé l'élément raisonnable de son âme, et l'avoir nourri de belles pensées et de nobles spéculations[4] en méditant sur lui-même ; lorsqu'il a évité d'affamer aussi bien que

---

1. **Appétits** : désirs.
2. **Impudence** : action indécente, contraire à la bienséance.
3. **Tempérant** : modéré.
4. **Spéculations** : pensées.

de rassasier l'élément concupiscible, afin qu'il se tienne en repos et n'apporte point de trouble, par ses joies ou par ses tristesses, au principe meilleur, mais le laisse, seul avec soi-même et dégagé, examiner et s'efforcer de percevoir ce qu'il ignore du passé, du présent et de l'avenir; lorsque cet homme a pareillement adouci l'élément irascible[1], et qu'il ne s'endort point le cœur agité de colère contre quelqu'un; lorsqu'il a donc calmé ces deux éléments de l'âme et stimulé le troisième, en qui réside la sagesse, et qu'enfin il repose, alors, tu le sais, il prend contact avec la vérité mieux que jamais, et les visions de ses songes ne sont nullement déréglées.

– J'en suis tout à fait persuadé, dit-il.

– Mais nous nous sommes trop étendus sur ce point; ce que nous voulions constater c'est qu'il y a en chacun de nous, même chez ceux qui paraissent tout à fait réglés, une espèce de désirs terribles, sauvages, sans lois, et que cela est mis en évidence par les songes.

Platon, *La République* [v. IVe s. av. J.-C.], livre IX,
trad. du grec ancien par R. Baccou, GF-Flammarion, 1966.

Aristote, *La Vérité des songes*

Après avoir suivi l'enseignement de Platon, Aristote (v. 384-322 av. J.-C.) fonde le Lycée à Athènes, où il philosophe en marchant dans les jardins. Dans son traité *Parva Naturalia*, il cherche à comprendre le phénomène des rêves véridiques ou prophétiques. Il se heurte au poids de l'opinion commune qui admet que ces songes sont envoyés par les dieux. Dans l'extrait qui suit, il propose une autre explication.

D'une manière générale, puisque parmi les autres animaux que l'homme, il en est qui rêvent, les songes ne sauraient être envoyés par la divinité, et ils n'ont pas, non plus, cette finalité.

---

1. **Concupiscible et irascible**: chez Platon, le concupiscible et l'irascible sont définis comme deux espèces du désir, le concupiscible étant le désir de posséder l'objet et l'irascible celui de surmonter la difficulté.

Ils sont assurément démoniques[1]. La nature, en effet, est démonique, mais elle n'est pas divine. En voici une preuve. Des hommes tout à fait simples sont capables de prophétiser et d'avoir des rêves véridiques ; ce n'est pas qu'un dieu les leur envoie ; mais ceux dont la nature est comme bavarde et mélancolique ont des visions de toutes sortes. Car, à cause du fait qu'ils sont mus en nombreuses et diverses façons, ils tombent sur des visions semblables à la réalité, leur chance en cette situation étant comme de ceux qui jouent à pair[2] ; comme, en effet, dit aussi le proverbe : « Si tu tires beaucoup de flèches, tu toucheras tantôt ici, tantôt là », cela arrive aussi dans ces circonstances [...].

Les mélancoliques, à cause de la force, comme des gens qui tirent de loin, tirent juste. Et à cause de leur aptitude à être changés rapidement le contigu[3] leur apparaît ; car comme les poèmes de Philaegide[4] et les fous disent et pensent le contigu dans le semblable, par exemple Aphrodite (Phrodite), de même aussi ils mettent en contact en allant de l'avant. Et de plus, à cause de la très grande force, leur mouvement n'est pas détourné par un autre mouvement.

Aristote, *La Vérité des songes. De la divination dans le sommeil* [IVe s. av. J.-C.], trad. du grec ancien par J. Pigeaud, Payot & Rivages, 1995.

Michel de Montaigne, *Essais*

Michel de Montaigne (1533-1592) est le premier à publier un essai. Il définit ainsi les caractéristiques de ce genre nouveau : une forme libre où l'auteur partage ses réflexions sur toutes sortes de sujets. Dans ce chapitre, sur l'« apologie de Raimond Sebond », un humaniste du XVe siècle, Montaigne compare l'homme à l'animal. Après avoir constaté que l'homme accorde généralement crédit à ses perceptions sensorielles, il met en avant les similitudes de la vie et du rêve.

---

1. **Démoniques** : qui relèvent d'un ordre d'être intermédiaire, entre l'humain et le divin.
2. **Pair** : jeu où l'on doit deviner si l'autre joueur a un nombre pair ou impair de dés dans la main.
3. **Le contigu** : ce qui est proche, limitrophe.
4. Poète inconnu de nos jours.

Ceux qui ont apparié[1] notre vie à un songe, ont eu de la raison, à l'aventure plus qu'ils ne pensaient. Quand nous songeons, notre âme vit, agit, exerce toutes ses facultés, ni plus ni moins que quand elle veille ; mais si plus mollement et obscurément, non de tant certes que la différence y soit comme de la nuit à une clarté vive ; oui, comme de la nuit à l'ombre : là elle dort, ici elle sommeille, plus ou moins. Ce sont toujours ténèbres, et ténèbres Cimmériennes[2].

Nous veillons dormant, et veillant dormons. Je ne vois pas si clair dans le sommeil ; mais, quant au veiller[3], je ne le trouve jamais assez pur et sans nuage. Encore le sommeil en sa profondeur endort parfois les songes. Mais notre veiller n'est jamais si éveillé qu'il purge et dissipe bien à point les rêveries, qui sont les songes des veillants[4], et pires que songes.

Notre raison et notre âme, recevant les fantaisies et opinions qui lui naissent en dormant, et autorisant les actions de nos songes de pareille approbation qu'elle fait celles du jour, pourquoi ne mettons-nous en doute si notre penser, notre agir, n'est pas un autre songer, et notre veiller quelque espèce de dormir ?

Michel de Montaigne, *Essais* [posth. 1595], II, 12, « Apologie de Raimond Sebond », LGF, « Le livre de poche classiques », 1972.

René Descartes, *Méditations métaphysiques*

Philosophe et savant, René Descartes (1596-1650) souhaite appliquer à la pensée une méthode implacable pour atteindre la vérité, qu'il expose dans ses *Méditations métaphysiques*. Après avoir constaté que les sens pouvaient nous tromper, il analyse le cas des rêves, et la difficulté que nous pouvons éprouver à distinguer le sommeil de la veille. Il souhaite ainsi montrer que nous ne pouvons pas douter de la vérité des mathématiques.

---

1. **Apparié** : comparé.
2. **Cimmériennes** : dans la mythologie, adjectif qui caractérise un pays froid et obscur qu'Homère situait en Occident, près du séjour des Morts.
3. **Veiller** : fait de rester éveillé. Montaigne utilise les infinitifs comme des noms.
4. **Veillants** : ceux qui veillent, qui restent éveillés.

Combien de fois m'est-il arrivé de songer la nuit que j'étais en ce lieu, que j'étais habillé, que j'étais auprès du feu, quoique je fusse tout nu dedans mon lit ? Il me semble bien à présent que ce n'est point avec des yeux endormis que je regarde ce papier ; que cette tête que je branle[1] n'est point assoupie ; que c'est avec dessein et de propos délibéré[2] que j'étends cette main et que je la sens : ce qui arrive dans le sommeil ne semble point si clair ni si distinct que tout ceci. Mais en y pensant soigneusement, je me ressouviens d'avoir souvent été trompé en dormant par de semblables illusions ; et, en m'arrêtant sur cette pensée, je vois si manifestement qu'il n'y a point d'indices concluants, ni de marques assez certaines par où l'on puisse distinguer nettement la veille d'avec le sommeil, que j'en suis tout étonné[3] ; et mon étonnement est tel, qu'il est presque capable de me persuader que je dors.

Supposons donc maintenant que nous sommes endormis, et que toutes ces particularités, à savoir, que nous ouvrons les yeux, que nous branlons la tête, que nous étendons les mains, et choses semblables, ne sont que de fausses illusions ; et pensons que peut-être nos mains ni tout notre corps ne sont pas tels que nous les voyons. Toutefois il faut au moins avouer que les choses qui nous sont représentées dans le sommeil sont comme des tableaux et des peintures qui ne peuvent être formés qu'à la ressemblance de quelque chose de réel et de véritable ; et qu'ainsi, pour le moins, ces choses générales, à savoir des yeux, une tête, des mains et tout un corps, ne sont pas choses imaginaires, mais réelles et existantes. Car de vrai les peintres, lors même qu'ils s'étudient[4] avec le plus d'artifice à représenter des sirènes et des satyres[5] par des figures[6] bizarres et extraordinaires, ne peuvent toutefois leur donner des formes et des natures entièrement nouvelles, mais font seulement un certain mélange et composition des membres de divers animaux ; ou bien, si peut-être leur imagination est

1. **Branle** : remue.
2. **Avec dessein et de propos délibéré** : en pleine conscience.
3. **Étonné** : ici, frappé de stupeur.
4. **S'étudient** : s'entraînent, s'appliquent.
5. **Sirènes et satyres** : créatures mythologiques mi-humaines mi-animales.
6. **Figures** : formes.

assez extravagante pour inventer quelque chose de si nouveau que jamais on n'ait rien vu de semblable, et qu'ainsi leur ouvrage représente une chose purement feinte et absolument fausse, certes à tout le moins les couleurs dont ils le composent doivent-elles être véritables [...].

C'est pourquoi peut-être que de là nous ne conclurons pas mal si nous disons que la physique, l'astronomie, la médecine, et toutes les sciences qui dépendent de la considération des choses composées, sont fort douteuses et incertaines, mais que l'arithmétique, la géométrie, et les autres sciences de cette nature qui ne traitent que de choses fort simples et fort générales, sans se mettre en peine si elles sont dans la nature ou si elles n'y sont pas, contiennent quelque chose de certain et d'indubitable ; car soit que je veille ou que je dorme, deux et trois joints ensemble formeront toujours le nombre de cinq et le carré n'aura jamais plus de quatre côtés ; et il ne semble pas possible que des vérités si claires et si apparentes puissent être soupçonnées d'aucune fausseté ou d'incertitude.

René Descartes, *Méditations métaphysiques* [1641], Nathan, « Les intégrales de philo », 1983.

Denis Diderot, *Le Rêve de d'Alembert*

Maître d'œuvre de l'*Encyclopédie* des Lumières, Denis Diderot (1713-1784) est aussi l'auteur d'une œuvre philosophique et littéraire variée : romans, pièces de théâtre, dialogues philosophiques. *Le Rêve de d'Alembert* présente, à travers une discussion entre le docteur Bordeu et Mademoiselle Julie de L'Espinasse, les propos tenus en rêve par d'Alembert (1717-1783), philosophe et co-directeur de l'*Encyclopédie*, lors d'une nuit agitée. Les interlocuteurs s'interrogent sur les notions de sommeil et de rêve et, à travers leurs considérations, Diderot énonce ainsi les principes d'une morale de la nature.

D'ALEMBERT, *levé, en robe de chambre et en bonnet de nuit.* – Et du sommeil, docteur, qu'en dites-vous ? c'est une bonne chose.

Bordeu. – Le sommeil, cet état où, soit lassitude, soit habitude, tout le réseau[1] se relâche et reste immobile ; où, comme dans la maladie, chaque filet du réseau s'agite, se meut, transmet à l'origine commune une foule de sensations souvent disparates[2], décousues, troublées ; d'autres fois si liées, si suivies, si bien ordonnées que l'homme éveillé n'aurait ni plus de raison, ni plus d'éloquence, ni plus d'imagination ; quelquefois si violentes, si vives, que l'homme éveillé reste incertain sur la réalité de la chose…

Mademoiselle de L'Espinasse. – Eh bien, le sommeil ?

Bordeu. – Est un état de l'animal où il n'y a plus d'ensemble : tout concert, toute subordination[3] cesse. Le maître est abandonné à la discrétion de ses vassaux[4] et à l'énergie effrénée de sa propre activité. Le fil optique s'est-il agité ? L'origine du réseau voit ; il entend si c'est le fil auditif qui le sollicite. L'action et la réaction sont les seules choses qui subsistent entre eux ; c'est une conséquence de la propriété centrale, de la loi de continuité et de l'habitude. Si l'action commence par le brin voluptueux que la nature a destiné au plaisir de l'amour et à la propagation de l'espèce, l'image réveillée de l'objet aimé sera l'effet de la réaction à l'origine du faisceau. Si cette image, au contraire, se réveille d'abord à l'origine du faisceau, la tension du brin voluptueux, l'effervescence et l'effusion du fluide séminal seront les suites de la réaction.

D'Alembert. – Ainsi il y a le rêve en montant et le rêve en descendant. J'en ai eu un de ceux-là cette nuit ; pour le chemin qu'il a pris, je l'ignore.

Bordeu. – Dans la veille le réseau obéit aux impressions de l'objet extérieur. Dans le sommeil, c'est de l'exercice de sa propre sensibilité qu'émane tout ce qui se passe en lui. Il n'y a point de distraction dans le rêve ; de là sa vivacité : c'est presque toujours la suite d'un éréthisme[5], un accès passager de maladie. L'origine du réseau y est alternativement active et passive d'une infinité

---

1. **Le réseau** : ici, le système nerveux.
2. **Disparates** : confuses.
3. **Subordination** : soumission à une autorité.
4. **À la discrétion de ses vassaux** : à la volonté de ses esclaves.
5. **Éréthisme** : terme médical qui désigne l'excitation anormale d'un organe.

de manières : de là son désordre. Les concepts y sont quelquefois aussi liés, aussi distincts que dans l'animal exposé au spectacle de la nature. Ce n'est que le tableau de ce spectacle réexcité : de là sa vérité, de là l'impossibilité de le discerner de l'état de veille : nulle probabilité d'un de ces états plutôt que de l'autre ; nul moyen de reconnaître l'erreur que l'expérience[1].

Denis Diderot, *Le Rêve de d'Alembert* [posth. 1830], Gallimard, « Folioplus philosophie », 2008.

Sigmund Freud, *L'Interprétation des rêves* (1899-1900)

Neurologue et psychiatre autrichien, Sigmund Freud (1856-1939) élabore progressivement sa théorie de l'inconscient lors de ses recherches sur les névroses. Il fonde ainsi la psychanalyse et bouleverse la conception de l'homme. Il propose notamment une explication du fonctionnement des rêves qui, selon lui, visent toujours, d'une manière plus ou moins déguisée, la satisfaction d'un désir inaccompli.

« Vous dites toujours, déclare une spirituelle malade, que le rêve est un désir réalisé. Je vais vous raconter un rêve qui est tout le contraire d'un désir réalisé. Comment accorderez-vous cela avec votre théorie ? » Voici le rêve :

« Je veux donner un dîner, mais je n'ai pour toutes provisions qu'un peu de saumon fumé. Je voudrais aller faire des achats, mais je me rappelle que c'est dimanche après-midi et que toutes les boutiques sont fermées. Je veux téléphoner à quelques fournisseurs, mais le téléphone est détraqué. Je dois donc renoncer au désir de donner un dîner. »

[...] Ce qui est venu à l'esprit [de la malade] jusqu'à présent n'a pu servir à interpréter le rêve. J'insiste. Au bout d'un moment, comme il convient lorsqu'on doit surmonter une résistance, elle me dit qu'elle a rendu visite hier à une de ses amies ; elle en est fort jalouse parce que son mari en dit toujours beaucoup de bien. Fort heureusement, l'amie est mince et maigre, et son mari aime

---

1. **Nul moyen de reconnaître l'erreur que l'expérience** : l'erreur ne peut être découverte que par l'expérience.

les formes pleines. De quoi parlait donc cette personne maigre ? Naturellement de son désir d'engraisser. Elle lui a aussi demandé : « Quand nous inviterez-vous à nouveau ? On mange toujours si bien chez vous. »

Le sens du rêve est clair maintenant. Je peux dire à ma malade : « C'est exactement comme si vous lui aviez répondu mentalement : "Oui-da ! je vais t'inviter pour que tu manges bien, que tu engraisses et que tu plaises plus encore à mon mari ! J'aimerais mieux ne plus donner de dîner de ma vie !" Le rêve vous dit que vous ne pourrez pas donner de dîner, il accomplit ainsi votre vœu de ne point contribuer à rendre plus belle votre amie. La résolution, prise par votre mari, de ne plus accepter d'invitation à dîner, pour ne pas engraisser, vous avait, en effet, indiqué que les dîners dans le monde engraissent. » Il ne manque plus qu'une concordance qui confirmerait la solution. On ne sait encore à quoi le saumon fumé répond dans le rêve. « D'où vient que vous évoquez dans le rêve le saumon fumé ? » – « C'est, répond-elle, le plat de prédilection de mon amie. »

Sigmund Freud, *L'Interprétation des rêves* [1899-1900], trad. de l'allemand par I. Meyerson, PUF, 1967.

Questions sur les groupements de textes

Rêves antiques

a. Comment, dans les extraits proposés, le rêve et le sommeil sont-ils personnifiés ?

TICE **b.** Recherchez plusieurs représentations du sommeil ou du dieu des songes (Oneiros ou Morphée). Vous trouverez notamment des peintures et des sculptures sur le site du château de Versailles : **http://www.chateauversailles.fr** et dans les collections du musée d'Orsay : **http://www.musee-orsay.fr/fr/collections**

Présentez ces œuvres en les accompagnant d'un commentaire d'une vingtaine de lignes.

Les philosophes et le rêve

a. Chaque texte tente de définir les caractéristiques, le fonctionnement ou le rôle des rêves. Dans un développement synthétique et organisé, vous présenterez les différentes conceptions proposées.

TICE **b.** À l'aide des textes du corpus et d'un dictionnaire en ligne comme le Trésor de la langue française informatisée : **http://atilf.atilf.fr/**, proposez une définition la plus complète possible du rêve. Vous l'illustrerez à l'aide d'un des poèmes de l'anthologie, lorsque cela est possible.

Vers l'écrit du Bac

L'épreuve écrite du Bac de français s'appuie sur un corpus (ensemble de textes et de documents iconographiques). Le sujet se compose de deux parties : une ou deux questions portant sur le corpus puis trois travaux d'écriture au choix (commentaire, dissertation, écriture d'invention).

Sujet **Dire l'absence en poésie**

☛ Écriture poétique et quête du sens, du Moyen Âge à nos jours

Corpus

Texte A	Rutebeuf, *La Complainte*, « Que sont devenus mes amis ? »
Texte B	Pierre de Ronsard, *Sonnets pour Hélène*, « Quand vous serez bien vieille, au soir, à la chandelle... »
Texte C	Victor Hugo, *Les Contemplations*, « Demain dès l'aube... »
Texte D	Guillaume Apollinaire, *Poèmes à Lou*, « Train militaire »

Texte A

Rutebeuf, *La Complainte* (vers 1260)

Les maux ne savent pas venir seuls :
tout ce qui pouvait m'arriver
est arrivé.
Que sont devenus mes amis
que j'avais tenus si près de moi
et tant aimés ?
Je crois qu'ils sont très clairsemés :
ils ne furent pas bien semés
et ils n'ont pu lever[1].
De tels amis m'ont mal traité
car jamais, tant que Dieu m'a assailli
de maint côté[2],
je n'en vis un seul en ma maison :
je crois que le vent les a enlevés,
l'amour est mort,
ce sont amis qu'emporte le vent ;
il ventait devant ma porte
et il les emporta,
si bien que nul ne vint me consoler
et m'apporter quelque peu du sien.
Cela m'apprend
que celui qui a quelque chose le garde pour lui ;
mais il se repent[3] trop tard,
celui qui a mis trop
de son avoir[4] pour se faire des amis ;
il ne les trouve ni entiers, ni demi
pour le secourir.
Je laisserai donc courir la fortune[5],
et je songerai à me tirer d'affaire,
si je le puis.

---

1. **Lever** : pousser, sortir de terre pour une plante.
2. **De maint côté** : de tous côtés, de toutes parts.
3. **Se repent** : regrette.
4. **Celui qui a mis trop de son avoir** : celui a déployé trop d'énergie.
5. **Fortune** : chance.

Il convient que j'aille vers les prud'hommes[1]
qui sont courtois et débonnaires[2]
et qui m'ont nourri.
Mes autres amis sont tous pourris.

Rutebeuf, *La Complainte*, v. 1260, trad. de l'ancien français par A. Mary.

Texte B

Pierre de Ronsard, *Sonnets pour Hélène* (1578)

Quand vous serez bien vieille, au soir à la chandelle,
Assise auprès du feu, dévidant[3] et filant,
Direz chantant mes vers, en vous émerveillant:
« Ronsard me célébrait du temps que j'étais belle. »

Lors vous n'aurez servante oyant[4] telle nouvelle,
Déjà sous le labeur[5] à demi sommeillant,
Qui au bruit de mon nom ne s'aille réveillant,
Bénissant votre nom de louange[6] immortelle.

Je serai sous la terre, et fantôme sans os
Par les ombres myrteux[7] je prendrai mon repos;
Vous serez au foyer une vieille accroupie,

Regrettant mon amour et votre fier dédain[8].
Vivez, si m'en croyez, n'attendez à demain:
Cueillez dès aujourd'hui les roses de la vie.

Pierre de Ronsard, *Sonnets pour Hélène*, XLIII, 1578.

---

1. **Prud'hommes**: hommes honnêtes et droits.
2. **Courtois et débonnaires**: aimables, bons et secourables.
3. **Dévidant**: déroulant une bobine de fil.
4. **Oyant**: écoutant.
5. **Labeur**: travail.
6. **Louange**: éloge, compliment.
7. **Myrteux**: des myrtes, arbustes à fleurs blanches odorantes; dans la mythologie, le myrte est le symbole de l'amour.
8. **Dédain**: orgueil.

Texte C
Victor Hugo, *Les Contemplations* (1856)

Demain, dès l'aube, à l'heure où blanchit la campagne,
Je partirai. Vois-tu, je sais que tu m'attends.
J'irai par la forêt, j'irai par la montagne[1].
Je ne puis demeurer loin de toi plus longtemps.

Je marcherai les yeux fixés sur mes pensées,
Sans rien voir au dehors, sans entendre aucun bruit,
Seul, inconnu, le dos courbé, les mains croisées,
Triste, et le jour pour moi sera comme la nuit.

Je ne regarderai ni l'or du soir qui tombe,
Ni les voiles au loin descendant vers Harfleur[2],
Et quand j'arriverai, je mettrai sur ta tombe
Un bouquet de houx vert et de bruyère en fleur.

3 septembre 1847[3].

Victor Hugo, *Les Contemplations*, « Demain, dès l'aube... », 1856.

Texte D
Guillaume Apollinaire, *Poèmes à Lou* (posth. 1955)

Nous marchons nous marchons d'un immobile pas
Nous buvons au bidon à la fin du repas
Le dernier arbre en fleurs qu'avant Dijon nous vîmes
(Car c'est fini les fleurs des environs de Nîmes[4])
Était tout rose ainsi que tes seins virginaux
Ma vie est démodée ainsi que les journaux
D'hier et nous aimons ô femmes vos images

---

1. Le cimetière de Villequier, où est enterrée Léopoldine, la fille de Victor Hugo, morte noyée à l'âge de 19 ans, se situe sur une côte en bordure de Seine.
2. **Harfleur** : ville de Normandie.
3. Léopoldine est morte le 4 septembre 1843.
4. Lou, jeune femme avec laquelle Apollinaire a entretenu une liaison amoureuse avant de partir au front lors de la Première Guerre mondiale, rejoint le poète à Nîmes en décembre 1914, alors qu'il faisait partie du peloton des élèves brigadiers.

Sommes dans nos wagons comme oiseaux en cages
Te souvient-il encor du brouillard de Sospel[1]
Une fillette avait ton vice originel
Et notre nuit de Vence avant d'aller à Grasse
Et l'hôtel de Menton Tout passe lasse et casse
Et quand tu seras vieille ô ma jeune beauté
Lorsque l'hiver viendra après ton bel été
Lorsque mon nom sera répandu sur la terre
En entendant nommer Guillaume Apollinaire
Tu diras Il m'aimait et t'enorgueilliras
Allons ouvre ton cœur Tu m'as ouvert tes bras [...]

Guillaume Apollinaire, *Poèmes à Lou*, « Train militaire », 1955.

---

1. Sospel et les villes qui suivent, Vence, Grasse et Menton, sont situées en Provence. Elles font référence aux lieux où se retrouvaient Apollinaire et Lou aux débuts de leur relation en octobre et novembre 1914.

■ *Questions sur le corpus*

(4 points pour les séries générales ou 6 points pour les séries technologiques)

1. Analysez et commentez la situation d'énonciation dans les poèmes du corpus.
2. Comment l'absence est-elle représentée dans ces poèmes et quels sont les effets produits sur le lecteur ? Vous préciserez les tonalités employées dans chacun des textes.

■ *Travaux d'écriture*

(16 points pour les séries générales ou 14 points pour les séries technologiques)

Commentaire (séries générales)

Vous commenterez le poème de Pierre de Ronsard (texte B).

Commentaire (séries technologiques)

Vous commenterez le poème de Victor Hugo (texte C). Vous pourrez vous appuyer sur le parcours de lecture suivant :
– Dans un premier temps, vous analyserez la façon dont le poète annonce un voyage propice au recueillement.
– Vous montrerez ensuite que le poète s'adresse à sa fille défunte sur un ton affectueux, particulièrement poignant.

Dissertation

Selon vous, la poésie permet-elle de surmonter l'absence ? Vous répondrez à cette question dans un développement argumenté qui s'appuiera sur les textes du corpus, sur les œuvres étudiées en classe et sur vos lectures personnelles.

Écriture d'invention

Vous écrivez une lettre au rédacteur en chef d'une revue culturelle pour le convaincre d'inclure des poèmes dans le prochain numéro. À cette fin, vous mettez en avant la singularité et la puissance de ce genre littéraire. Votre argumentation prendra appui sur des exemples précis tirés des textes du corpus, des œuvres étudiées en classe et de vos lectures personnelles.

Fenêtres sur...

Des ouvrages à lire

Sur quelques poètes

- Guy Goffette, *Verlaine d'ardoise et de pluie*, Gallimard, « Folio », 1998.
- Pierre Michon, *Rimbaud le fils*, Gallimard, « Folio », 1993.

Sur la poésie

- Jean-Marie Gleize, *La Poésie. Textes critiques* *XIV*ᵉ*-XX*ᵉ *siècle*, Larousse, « Textes essentiels », 1995.
- Jean-Pierre Richard, *Poésie et profondeur. Onze études sur la poésie moderne*, Seuil, « Points », 1976.

Sur le rêve

- Marina Loffi Randolin, *Le Rêve : une anthologie littéraire et artistique*, Renaissance du livre, 2003.
- Barbara de Negroni, *Rêver*, Rue de l'échiquier, « Philoado », 2011.

D'autres anthologies de poésie

- Sophie Nauleau, *Poètes en partance, de Charles Baudelaire à Henri Michaux*, Gallimard, « Poésie », 2011.
- Jean Rousset, *Anthologie de la poésie baroque française*, José Corti, 1989.

Des pièces de théâtre sur le rêve

- Pedro Calderón, *La vie est un songe*, Gallimard, « Folio théâtre », 1996.
- William Shakespeare, *Le Songe d'une nuit d'été*, Gallimard, « Folio », 2003.
- August Strinberg, *Le Songe*, L'Arche, 2007.

Des disques à écouter

- Les poèmes d'Apollinaire lus par Jean-Louis Trintignant sur une musique d'Érik Satie : *Poèmes à Lou – Alcools*, Emarcy, 2004.
- Les poèmes de Verlaine et Rimbaud chantés par Léo Ferré : *Léo Ferré chante Verlaine-Rimbaud*, Barclays, 2005.
- Les poèmes de Verlaine mis en musique par Debussy : *Verlaine et ses musiciens*, INA, 1996.
- Les poèmes d'Aloysius Bertrand mis en musique par Ravel : *Gaspard de la nuit*, Ondine, 2004.
- Les poèmes de Villon chantés par Georges Brassens, Mercury, 2001.
- Les poèmes de Christine de Pisan, Louise Labé et d'autres poétesses de la Renaissance : *Ballades des belles rebelles*, Chantal Grimm, Éponymes, 2002.

Des films à voir

(Les œuvres citées ci-dessous sont disponibles en DVD.)

Sur la poésie et les poètes

- Peter Weir, *Le Cercle des poètes disparus*, avec Robin Williams, couleur, 1989.
- Agnieszka Holland, *Rimbaud Verlaine*, avec Leonardo DiCaprio, couleur, 1995.
- Diane Kurys, *Les Enfants du siècle*, avec Juliette Binoche et Benoît Magimel, couleur, 1999.
- Jane Campion, *Bright Star*, avec Abbie Cornish et Ben Whishaw, couleur, 2010.

Sur le rêve

- Luis Buñel et Salvador Dalí, *Un chien andalou*, noir et blanc, 1929.
- David Lynch, *Mulholland Drive*, avec Naomi Watts, couleur, 2001.
- Christopher Nolan, *Inception*, avec Marion Cotillard et Leonardo DiCaprio, couleur, 2010.

@ *Des sites Internet à consulter*

- Pour découvrir d'autres récits de rêve: **http://www.reves.ca/auteursindex_int.php**
- Pour découvrir la poésie contemporaine: **http://www.maulpoix.net/**
- Un site qui recense tous les événements liés à la poésie (anthologie, nouvelles parutions...) : **http://poezibao.typepad.com**
- Un site qui recense plusieurs auteurs et artistes et permet de découvrir leurs œuvres: **http://www.espritsnomades.com/sitelitterature/sommairelitterature.html**
- Un site qui indique les différents événements du Printemps des poètes, manifestation nationale se tenant chaque année au mois de mars: **http://www.printempsdespoetes.com**

Des œuvres d'art à découvrir Histoire des arts

(Toutes les œuvres citées ci-dessous peuvent être vues sur Internet.)

- Giotto, *Le Songe de Joachim*, 1305.
- Antonio de Pereda, *Le Rêve du chevalier*, 1635.
- Jean-Honoré Fragonard, *Rêve d'amour*, 1768.
- Johann Heinrich Füssli, *Le Cauchemar*, 1781.
- Odilon Redon, *Le Rêve ou la Pensée*, 1908.
- Salvador Dalí, *Rêve causé par le vol d'une abeille autour d'une pomme-grenade une seconde avant l'éveil*, 1944.

Des lieux à visiter

Consacrés à des poètes

- La maison de Victor Hugo à Paris : 6, place des Vosges, 75004 Paris, **http://parismusees.paris.fr**
- et celle de Hugo à Guernesey : 38 Hauteville, St Peter Port, Guernesey, **http://www.hautevillehouse.com**
- La maison Elsa Triolet et Louis Aragon : Moulin de Villeneuve, 78730 Saint-Arnoult-en-Yvelines, **http://www.maison-triolet-aragon.com**

Consacrés à la poésie

- La Maison de la Poésie : 157, rue Saint-Martin, 75003 Paris, **www.maisondelapoesieparis.com**
- Centre international de poésie : 2, rue de la Charité, 13 236 Marseille Cedex 02, **http://www.cipmarseille.com**

Petit précis de versification

LES GENRES POÉTIQUES

Ballade : poème médiéval à forme fixe qui se développe sur trois strophes dont chacune se termine par un même vers (ex. textes 5 et 6).

Canso : chanson courtoise des troubadours puis des trouvères, composée de plusieurs couplets, sans refrain, souvent suivis d'un envoi adressé au dédicataire (ex. texte 2).

Chanson : poème composé de strophes de longueur variable, parfois terminées par un refrain (ex. texte 80).

Chanson de geste : poème épique narratif, écrit en décasyllabes, visant à fixer dans les mémoires l'histoire collective. Au Moyen Âge, les chansons de geste se déclamaient avec un accompagnement musical (ex. texte 1).

Complainte : poème populaire d'origine médiévale, à la tonalité plaintive (ex. p. 268).

Élégie : du grec *elegos* « plainte », poème d'origine antique, à la tonalité lyrique et mélancolique, exprimant souvent une déploration (ex. texte 32).

Fable : genre littéraire de l'Antiquité se caractérisant par un récit allégorique à visée morale (ex. texte 30).

Hymne : du grec *humnos* « chant ». Poème à la gloire d'un dieu, d'une personne ou d'une abstraction (la nature, une saison). Le genre se développe à la Renaissance.

Lai : pièce poétique au Moyen Âge, parfois narratif (ex. texte 8).

Ode : du grec *ôdê* « chant », poème lyrique né sous l'Antiquité et qui pouvait alors être chanté en chœur, avec accompagnement de musique et de danse. Reprise à la Renaissance, notamment par Ronsard, l'ode procède souvent à un éloge ou à une célébration mais pas systématiquement (ex. texte 21).

Odelette : petite ode, poème de tonalité lyrique assez bref et traitant d'un sujet léger (ex. texte 38).

Poème en prose : texte écrit en prose (sans vers ni rime), fondé sur une recherche rythmique et sonore ou sur l'emploi d'images qui le rendent poétique. Le poème en prose devient un genre très répandu à partir des publications de *Gaspard de la nuit* d'A. Bertrand (1842) et du *Spleen de Paris* de Baudelaire (1866) (textes 37 et 47). Le poème en prose, souvent assez bref, forme un tout, ce qui le différencie de la prose poétique, qui désigne certains passages d'œuvres en prose, de romans par exemple.

Rondeau (ou rondel) : poème de forme circulaire apparu au Moyen Âge comprenant à l'origine huit vers dont un refrain de deux vers (ex. texte 7).

Sonnet : poème d'origine italienne qui apparaît en France à la Renaissance. Le sonnet comprend quatorze vers de même longueur (des alexandrins le plus souvent) répartis en deux quatrains et deux tercets. Sa fin ménage souvent un effet de surprise (ex. textes 14, 15 et 16).

LES STROPHES

Types de strophes selon leur longueur

- **Laisse** : au Moyen Âge, strophe de longueur variable construite sur une même rime ou une même assonance.
- **Distique** : strophe qui ne comporte que deux vers.
- **Tercet** : strophe composée de trois vers.
- **Quatrain** : strophe composée de quatre vers.
- **Quintil** : strophe composée de cinq vers.
- **Sizain** : strophe composée de six vers.
- **Septain** : strophe composée de sept vers.
- **Huitain** : strophe composée de huit vers (ex. texte 8).
- **Neuvain** : strophe composée de neuf vers (ex. texte 99).
- **Dizain** : strophe composée de dix vers (ex. texte 9).
- **Onzain** : strophe composée de onze vers.

LES VERS

Pour lire les vers

- **Respecter la mesure**
- **Diérèse** : fait de prononcer et de compter en deux syllabes une suite de deux voyelles (ex. texte 53, v. 14).
- **Synérèse** : fait de prononcer et de compter en une seule syllabe une suite de deux voyelles.
- **Règle du *e* muet** : dans un vers régulier, le e final reste muet en fin de vers, lorsque le mot suivant commence par une voyelle ou un *h* muet.

- **Respecter l'enchaînement des vers**

On distingue trois cas de discordance entre la fin de vers et la cohérence d'un groupe syntaxique qui invitent le lecteur à ne pas marquer de pause en fin de vers :

- **Enjambement** : on parle d'enjambement quand un groupe syntaxique (proposition, phrase...) commencé sur un vers se poursuit sur le suivant.
- **Rejet** : variante de l'enjambement qui consiste à rejeter sur le vers suivant un élément court.
- **Contre-rejet** : on parle de contre-rejet quand l'élément court d'un groupe syntaxique qui débute en fin de vers se poursuit plus longuement sur le suivant.

Pour reconnaître les types de vers

- **Vers régulier** : vers respectant un nombre de syllabes imposé et soumis à la rime. On distingue :
- **les vers pairs**, qui comptent un nombre pair de syllabes, et qui sont les plus répandus :

  Alexandrin : vers composé de douze syllabes.

  Décasyllabe : vers composé de dix syllabes.

  Octosyllabe : vers composé de huit syllabes.

  Hexasyllabe : vers composé de six syllabes.

  Tétrasyllabe : vers composé de quatre syllabes.
- **les vers impairs**, qui comptent un nombre impair de syllabes :

  Hendécasyllabe : vers composé de onze syllabes.

  Ennéasyllabe : vers composé de neuf syllabes.

  Heptasyllabe : vers composé de sept syllabes.

  Pentasyllabe : vers composé de cinq syllabes.

- **Vers libre** : vers qui n'est pas soumis aux contraintes du vers régulier, dont la longueur n'est pas fixée et dont la rime n'est pas obligatoire (à ne pas confondre avec la prose poétique) (ex. texte 61).

- **Verset** : très long vers libre séparé du suivant par un espace, ou très longue strophe en prose (ex. texte 72).

LES RIMES

Qualité de la rime

- **Rime pauvre** : qui ne repose que sur un son identique (ex. pou/chou).
- **Rime suffisante** : qui repose sur deux sons identiques (ex. amour/toujours).
- **Rime riche** : qui repose sur trois sons identiques ou plus (ex. jour/toujours).

Alternance des rimes

- **Rime féminine** : qui se termine par e (même s'il est suivi d'une marque du pluriel).
- **Rime masculine** : qui ne se termine pas par un e muet.

Disposition des rimes

- **Rimes suivies ou plates** : qui se caractérisent par le schéma AABB.
- **Rimes embrassées** : qui se caractérisent par le schéma ABBA.
- **Rimes alternées ou croisées** : qui se caractérisent par le schéma ABAB.

Notes

Notes

Dans la même collection

CLASSICOCOLLÈGE

14-18 Lettres d'écrivains (anthologie) (1)
Contes (Andersen, Aulnoy, Grimm, Perrault) (93)
Douze nouvelles contemporaines (anthologie) (119)
Fabliaux (94)
La Farce de maître Pathelin (75)
Gilgamesh (17)
Histoires de vampires (33)
Les Mille et Une Nuits : Aladin, Ali Baba, Sindbâd (156)
La Poésie engagée (anthologie) (31)
La Poésie lyrique (anthologie) (49)
Le Roman de Renart (50)
Les textes fondateurs (anthologie) (123)
Neuf nouvelles réalistes (anthologie) (125)
La Vénus d'Ille et autres nouvelles fantastiques (Mérimée, Gautier, Maupassant) (136)
Jean Anouilh – *Le Bal des voleurs* (78)
Guillaume Apollinaire – *Calligrammes* (2)
Louis Aragon – *Le Collaborateur et autres nouvelles sur la guerre* (142)
Honoré de Balzac – *Le Colonel Chabert* (57)
René Barjavel – *Le Voyageur imprudent* (141)
Béroul – *Tristan et Iseut* (61)
Ray Bradbury – *Fahrenheit 451* (152)
Évelyne Brisou-Pellen – *Thésée, Ariane et le Minotaure* (157)
Albert Camus – *Le Malentendu* (114)
Lewis Carroll – *Alice au pays des merveilles* (53)
Driss Chraïbi – *La Civilisation, ma Mère !...* (79)
Chrétien de Troyes – *Érec et Énide* (144)
Chrétien de Troyes – *Lancelot ou le Chevalier de la charrette* (109)
Chrétien de Troyes – *Yvain ou le Chevalier au lion* (3)
Jean Cocteau – *Antigone* (96)
Albert Cohen – *Le Livre de ma mère* (59)
Corneille – *Le Cid* (41)
Didier Daeninckx – *Meurtres pour mémoire* (4)
Dai Sijie – *Balzac et la Petite Tailleuse chinoise* (116)
Annie Ernaux – *La Place* (82)
Georges Feydeau – *Dormez, je le veux !* (76)
Gustave Flaubert – *Un cœur simple* (77)
Romain Gary – *La Vie devant soi* (113)
Jean Giraudoux – *La guerre de Troie n'aura pas lieu* (127)
William Golding – *Sa Majesté des Mouches* (5)

Jacob et Wilhelm Grimm – *Contes* (73)
Homère – *L'Odyssée* (14)
Victor Hugo – *Claude Gueux* (6)
Victor Hugo – *Les Misérables* (110)
Joseph Kessel – *Le Lion* (38)
Rudyard Kipling – *Le Livre de la Jungle* (133)
Jean de La Fontaine – *Fables* (74)
J.M.G. Le Clézio – *Mondo et trois autres histoires* (34)
Mme Leprince de Beaumont – *La Belle et la Bête* (140)
Jack London – *L'Appel de la forêt* (30)
Marivaux – *L'Île des esclaves* (139)
Guy de Maupassant – *Histoire vraie et autres nouvelles* (7)
Guy de Maupassant – *Le Horla* (54)
Guy de Maupassant – *Nouvelles réalistes* (97)
Prosper Mérimée – *Mateo Falcone* et *La Vénus d'Ille* (8)
Molière – *L'Avare* (51)
Molière – *Le Bourgeois gentilhomme* (62)
Molière – *Les Fourberies de Scapin* (9)
Molière – *George Dandin* (115)
Molière – *Le Malade imaginaire* (42)
Molière – *Le Médecin malgré lui* (13)
Molière – *Le Médecin volant et L'Amour médecin* (52)
Jean Molla – *Sobibor* (32)
Michael Morpurgo – *Cheval de guerre* (154)
Jean-Claude Mourlevat – *Terrienne* (159)
George Orwell – *La Ferme des animaux* (130)
Ovide – *Les Métamorphoses* (37)
Charles Perrault – *Contes* (15)
Edgar Allan Poe – *Trois nouvelles extraordinaires* (16)
Jules Romains – *Knock ou le Triomphe de la médecine* (10)
Edmond Rostand – *Cyrano de Bergerac* (58)
Antoine de Saint-Exupéry – *Lettre à un otage* (11)
William Shakespeare – *Roméo et Juliette* (70)
Sophocle – *Antigone* (81)
John Steinbeck – *Des souris et des hommes* (100)
Robert Louis Stevenson – *L'Étrange Cas du Dr Jekyll et de M. Hyde* (155)
Robert Louis Stevenson – *L'Île au Trésor* (95)
Jean Tardieu – *Quatre courtes pièces* (63)
Michel Tournier – *Vendredi ou la Vie sauvage* (69)
Fred Uhlman – *L'Ami retrouvé* (80)
Paul Verlaine – *Romances sans paroles* (12)
Anne Wiazemsky – *Mon enfant de Berlin* (98)
Émile Zola – *Au Bonheur des Dames* (128)

CLASSICOLYCÉE

Des poèmes et des rêves (anthologie) (105)
Guillaume Apollinaire – *Alcools* (25)
Honoré de Balzac – *La Fille aux yeux d'or* (120)
Honoré de Balzac – *Le Colonel Chabert* (131)
Honoré de Balzac – *Le Père Goriot* (99)
Charles Baudelaire – *Les Fleurs du mal* (21)
Charles Baudelaire – *Le Spleen de Paris* (87)
Beaumarchais – *Le Barbier de Séville* (138)
Beaumarchais – *Le Mariage de Figaro* (65)
Ray Bradbury – *Fahrenheit 451* (66)
Albert Camus – *La Peste* (90)
Emmanuel Carrère – *L'Adversaire* (40)
Corneille – *Le Cid* (129)
Corneille – *Médée* (84)
Dai Sijie – *Balzac et la Petite Tailleuse chinoise* (28)
Robert Desnos – *Corps et Biens* (132)
Denis Diderot – *Supplément au Voyage de Bougainville* (56)
Alexandre Dumas – *Pauline* (121)
Marguerite Duras – *Le Ravissement de Lol V. Stein* (134)
Marguerite Duras – *Un barrage contre le Pacifique* (67)
Paul Éluard – *Capitale de la douleur* (91)
Annie Ernaux – *La Place* (35)
Élisabeth Filhol – *La Centrale* (112)
Francis Scott Fitzgerald – *Gatsby le magnifique* (104)
Gustave Flaubert – *Madame Bovary* (89)
François Garde – *Ce qu'il advint du sauvage blanc* (145)
Romain Gary – *La Vie devant soi* (29)
Romain Gary – *Les Cerfs-volants* (157)
Jean Genet – *Les Bonnes* (45)
Jean Giono – *Un roi sans divertissement* (118)
J.-Cl. Grumberg, Ph. Minyana, N. Renaude – *Trois pièces contemporaines* (24)
Victor Hugo – *Le Dernier Jour d'un condamné* (44)
Victor Hugo – *Anthologie poétique* (124)
Victor Hugo – *Ruy Blas* (19)
Eugène Ionesco – *La Cantatrice chauve* (20)
Eugène Ionesco – *Le roi se meurt* (43)
Laclos – *Les Liaisons dangereuses* (88)
Mme de Lafayette – *La Princesse de Clèves* (71)
Jean de La Fontaine – *Fables* (126)
Marivaux – *L'Île des esclaves* (36)
Marivaux – *Le Jeu de l'amour et du hasard* (55)
Guy de Maupassant – *Bel-Ami* (27)

Guy de Maupassant – *Pierre et Jean* (64)
Guy de Maupassant – *Une partie de campagne et autres nouvelles réalistes* (143)
Molière – *Dom Juan* (26)
Molière – *L'École des femmes* (102)
Molière – *Les Femmes savantes* (149)
Molière – *Le Misanthrope* (122)
Molière – *Le Tartuffe* (48)
Montesquieu – *Lettres persanes* (103)
Alfred de Musset – *Lorenzaccio* (111)
Alfred de Musset – *On ne badine pas avec l'amour* (86)
George Orwell – *La Ferme des animaux* (106)
Pierre Péju – *La Petite Chartreuse* (92)
Charles Perrault – *Contes* (137)
Francis Ponge – *Le Parti pris des choses* (72)
Abbé Prévost – *Manon Lescaut* (23)
Racine – *Andromaque* (22)
Racine – *Bérénice* (60)
Racine – *Britannicus* (108)
Racine – *Phèdre* (39)
Arthur Rimbaud – *Œuvres poétiques* (68)
Paul Verlaine – *Poèmes saturniens* et *Fêtes galantes* (101)
Voltaire – *Candide* (18)
Voltaire – *L'Ingénu* (85)
Voltaire – Micromégas (117)
Voltaire – *Traité sur la tolérance* (135)
Voltaire – *Zadig* (47)
Émile Zola – *La Fortune des Rougon* (46)
Émile Zola – *Nouvelles naturalistes* (83)
Émile Zola – *Thérèse Raquin* (107)

Cet ouvrage a été composé par Palimpseste à Paris.

Imprimé en Espagne par Novoprint (Barcelone)
Dépôt légal : septembre 2013 – N° d'édition : 70116456-03/mars2019